KB120222

직장인으로 성공한다는 것

직장인으로 성공한다는 것

초 판 1쇄 2023년 06월 20일

지은이 조홍건
펴낸이 류종렬

펴낸곳 미다스북스
본부장 임종익
편집장 이다경
책임진행 김가영, 신은서, 박유진, 윤가희, 정보미

등록 2001년 3월 21일 제2001-000040호
주소 서울시 마포구 양화로 133 서교타워 711호
전화 02) 322-7802~3
팩스 02) 6007-1845
블로그 http://blog.naver.com/midasbooks
전자주소 midasbooks@hanmail.net
페이스북 https://www.facebook.com/midasbooks425
인스타그램 https://www.instagram/midasbooks

© 조홍건, 미다스북스 2023, *Printed in Korea*.

ISBN 979-11-6910-258-2 03190

값 17,000원

20년 노하우가 담긴 **직장생활** 분투기

직장인으로 성공한다는 것

조홍건 지음

미다스북스

바야흐로 초스피드의 시대이다. 궁금한 것이 있으면 바로 스마트폰에서 관련 내용들을 검색하고 확인해 볼 수 있다. 이제 ChatGPT와 같은 인공지능의 도움을 받아서, 검색도 초스피드로 이루어진다. 기업들도 사회 트렌드를 읽고 이에 발맞춰 나가기 위해서 스피드 경영을 외친다.

그렇지만 스피드만 내세우는 것이 능사는 아닐 것이다. 특히 사람이 하는 일은 더욱 그렇다. 초등학교 1학년에게 대학교 1학년 수학 교재를 바로 가르칠 수는 없다. 하지만, 중학교와 고등학교를 거치면서 대학교 수학을 받아들일 준비를 마친 이는 부담이 없이 받아들일 수 있는 것이다.

저자의 경우에도 입사 후 첫 업무는 현장에서 시작하였다. 처음부터 회사 기획이나 전략 문서를 보여줬다면 온몸으로 거부했을 것이다. 하지만 이후에 다양한 역할과 업무를 수행하면서 내부 프로세스를 이해하게 되니, 어떤 부서라도 소통을 할 수 있게 되고 처음 보는 업무는 없다고 하는 수준까지 이르렀다. 뒤돌아보니, 어느 순간에 제너럴리스트가 되어 있었다. 재밌는 것은 한 단계 성장할 때마다 또 다른 기회가 보였다는 것이다. 실무자일 때는 알 수 없던 회사 시스템을 관리자가 되니 이해할 수 있었고, 팀장 업무 수행 중 외국계 기업의 한국 지사장으로 이직할 기회가 열렸다. 지사장 자리로 옮기고 나서는 관련 업무와 만나는 사람들로 또 다른 도약을 하는 계기로 만들어 가고 있다.

그 과정이 결코 쉬웠다고 얘기하는 것은 아니다. 그리고, 그 길을 처음부터 알고 있었던 것도 아니다. 때론 맨땅에 헤딩하는 일도 있었고, 예기치 않은 복병을 만나서 좌절하기도 했다. 그럼에도 불구하고 지금 이 자리에 있는 것은 크게 두 가지 이유라고 생각한다.

첫 번째, 새로운 것에 대한 호기심이다. 당시 막 떠오르던 성장 산업에 뛰어들 수 있었던 것도, 선진 기법이라고 불리던 프로젝트관리 전문가가 되기 위해서 고군분투했던 시간들도, 따지고 보면 호기심이 발단이 되어, 이후 지식과 경험을 확장할 수 있었다.

다음으로 넘어질 수는 있어도 포기하지는 않으려고 했다. 30대의 사회 초년병 시절을 거쳐 관리자로 자리매김했던 40대까지 아는 것보다는 모르는 것이 많고, 잘난 것보다는 부족한 것이 많은 한 사람이 성장할 수 있었던 노하우가 무엇이었냐고 묻는다면 끈기와 성실이라고 주저 없이 답할 것이다. 처음 맡은 현장 업무부터 프로젝트관리자로 성장하기까지, 또한 HR, 영업, 회계 부서 등과 협업을 하는 단계에 이르기까지 하루아침에 만들어진 것은 하나도 없다. 하지만, 꾸준히 노력하다 보면 누구나 할 수 있다고 생각한다. 단, 20년을 달려야 하는 마라톤에서 포기만 하지 않으면 된다.

이 책에서 궁극적으로 하고 싶은 이야기도, 시간을 가지고 미래를 잘 준비한다면 분명 그 결실을 맺는 시기가 올 것이라는 얘기다. 그 중에서도 지금 다니는 회사에 근무하면서 여러 가지 경험과 함께 각 분야별 숙성의 시간을 가질 수 있다면 충분히 그 기회를 활용하라는 메시지를 전하고 싶다. 시도조차 못한 그 경험이, 언제 나에게 필요할지 모르기 때문이다.

직장인이 입사 후 성장하는 경로는 크게 두 가지로 나눌 수 있다. 하나는 본인이 맡은 업무에서 최고의 전문가가 되거나, 또는 본연의 업무를 익히고 나서 주변 업무까지 섭렵하여 본인의 커리어를 확장해 나가는 것이다. 이 책은 후자에 초점을 맞추어서 저자의 경험담과 생각들을 공유하려고 한다. 이 책에 직장생활을 위한 대단한 비책이 있는 것도 아니고, 지름길을 소개하고자 하는 것도 아니다. 그보다는 일상의 평범함 속에서 진리를 찾을 수 있다는, 어쩌면 뻔한 얘기를 하고 싶었다.

글로벌 기업의 국내 시장 진입이 당연시 되고, 국내 회사들은 글로벌 시장에 진출하여 경쟁하는 것이 일상이 된 시대이다. 이로 인하여 기업은 생존을 위하여 다른 기업과의 차별화를 꾀하여야 하고, 개인은 직장보다 직업인으로서 전문성을 갖춰 나가야 하는 시대적 분위기이다. 스스로의 현 위치를 한번 뒤돌아보고, 향후 본인이 그리는 미래의 모습에 더 가까이 다가가는 데 이 책이 조금이라도 도움이 되었으면 한다. 그리고 국내 기업뿐만 아니라 외국계 기업도 하나의 선택지가 될 수 있음을 공유하고 싶었다.

끝으로, 출판하기까지 저녁이 있는 삶을 잊고 살았는데도 불구하고, 이를 이해하고 지지를 해 준 와이프와 어린 두 자녀에게 고마움을 전하고 싶다.

오늘도 고단한 직장생활 속에서 미래를 준비하는 모든 샐러리맨들을 응원한다.

목차

1장

유럽 본사의 다국적 기업에서
한국 지사장을 모집 중

20년 노하우가 담긴 직장생활 분투기

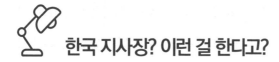

한국 지사장? 이런 걸 한다고?

어느 날 헤드헌터로부터 한 통의 메일을 받았다. 누구나 알 만한 유럽 굴지의 업체 계열사에서 한국 법인을 설립하면서 한국 지사장을 구인 중인데, 온라인에 올라와 있는 이력을 보고 연락드린다는 내용이었다. 순간 스팸이 아닐까 의심을 했다.

다국적 기업

한국 지사장

그런데 왜 내게?

더 늦기 전에 또 다른 커리어를 경험하고 싶다는 생각은 있었지만, 그렇다고 외국 기업의 한국 지사장 자리는 고민해 본 적이 없었다. 혹시 다른 사람이랑 헷갈려서, 잘못 연락이 왔나? 지방 공대를 졸업하고 현장 출신의 기술 관리직으로 커리어를 이어가고 있었으므로, 다국적 기업의 지사장 자리가 나랑은 맞지 않다는 생각이 우선 들었다.

그런데, 이어서 알게 된 내용이 나의 호기심을 자극했다. 즉, 한국에서의 모든 준비와 관리는 지사장이 중심이 되어 진행할 예정이라는 것이었다. 이 얘기를 듣고, 누군가는 피해야 할 자리라는 생각이 들 수도 있겠지만, 나는 이 대목에서 알 수 없는 끌림을 느꼈다. 그동안은 선배들이 만들어 놓은 조직 안에서 기존의 방식대로 업무를 해 왔다면, 앞으로 내가 생각하는 조직문화, 업무 방식을 실제 구현해 볼 수 있겠다는 생각이 들었다. 창업을 하지 않는다면, 조직생활을 하는 직장인이 쉽게 얻을 수 있는 경험이 아니었던 것이다.

그렇지만 오랜 기간 근무한 회사를 떠나 본 사람은 알겠지만, 막상 회사를 옮긴다는 결정은 쉽게 판단할 수 있는 사안이 아니었다. 20여 년 근무한 직장을 벗어나, 나이 오십에 새로운 출발을 한다는 기대감으로 가슴이 벅차올랐다고 한다면 거짓말일 것이다. 그보다는 현재 근무 중인 회사의 기술 부문의 수석 팀장을 맡고 있었으니, 임원 승진을 기대하는 것이 훨씬 안정적이고 부담 없는 선택일 것이다. 외국계 회사에 근무했다가 구조 조정을 경험한 지인도 주변에 있다 보니, 새로운 도전이 더욱 머뭇거려졌다.

한국 지사장 자리를 생각해 본 적이 없었으니 그 직무에 대한 기본 이해도 없었다. 그렇게 우연히 찾아왔던 기회는 지나가고 있었다.

이때, 한국 지사장에 대한 직무 기술서를 받아 보게 되었다.

아래는 그 중의 일부이다.

Ensure all global procedures and guidelines are followed.

모든 글로벌 절차서와 가이드라인을 따를 것.

Overall responsible for jobs being delivered on time.

작업 결과물이 정시에 고객에게 인도되는 것에 대한 총괄 책임.

Work with global operations team to share knowledge and continuously work with improvements.

글로벌 운영팀과 지식을 공유하고 지속적으로 개선해 나갈 것.

Act as a positive role model and leader to colleagues and team members, providing continuous motivation and guidance.

직장 동료에게 지속적인 동기부여와 가이드를 제공하는 롤 모델로 행동할 것.

Act as company's representative with local authorities.

회사를 대표하여 현지의 행정 당국과 접촉할 것.

Continually monitor and improve company performance by:

회사의 성과를 지속적으로 모니터링하고 개선해 나갈 것.

Leading, promoting and ensuring the team follows safety management system and standard operating procedures.

조직의 안전관리 시스템과 안전운용 절차를 따르도록 할 것.

Create and maintain manning models to ensure resource is optimally used and future needs are met.

자원을 최적화하고 미래에 필요한 부분들을 충족할 수 있도록 유지 관리할 것.

Conduct department meetings to communicate project, maintenance, repair, research and development works to appropriate members.

프로젝트, 유지보수, 연구개발을 위하여 필요한 인원들과 부서 미팅을 시행할 것.

Able to re-assign resources from relevant work scope and deploy effectively when emergency issue arises.

긴급 상황 발생 시 자원을 재배분하여 관련 업무를 수행할 것.

Handle problem and conflict resolution within the internal and external parties aiming to minimize negative impact and foster harmonious relationship among team members.

내/외부 이해관계자와 문제 또는 충돌이 발생하는 경우에 부정적 영향을 최소화하고 조화로운 관계가 유지되도록 할 것.

Responsible for recruitment and training of new staff.

신규 입사자의 채용 및 교육 훈련에 대한 책임.

지사장이면 경영인 아닌가?

그런데, 직무 기술서는 지금 내가 하고 있는 일이랑 별반 차이가 없는데?

그렇다면 나도 할 수 있겠는데….

현장 밑바닥에서부터 시작해서, 한 계단씩 성장의 사다리를 타고 올라오는 과정에서 겪었던 지난날들이 주마등처럼 스쳐 지나갔다. 현장직에 익숙해지고 나서, 누가 시키지도 않았는데 관련 업무가 무엇이 있는지 찾아보고, 부족한 부분을 메우기 위해서 스스로 야간근무를 자처하고 자기계발을 해 왔던 시간들이 20년이었다. 그동안의 경험과 노하우라면 한번 도전장을 내밀어봐도 되겠다는 생각이 들었다.

이렇게 결정하게 된 배경에는 남들이 알아주는 대기업의 임원이 된다고 해도, 그건 나를 위한 것이 아니고 주변의 기대를 충족시켜주는 삶이라는 생각도 자리 잡고 있었다. 예전에 우연히 뵙게 된 어느 이사님으로부터 "임원이 되고 나서 무엇을 해야 할지, 어디에 있어야 할지를 항상 회사가 결정해서 알려줬다."는 말씀을 들은 적이 있다. 그분은 지나가는 말로 하셨지만 나는 이를 흘려듣지 않았고, 지금도 어제 들은 것처럼 생생하다. 또한, 개인적으로 여러 임원들을 모시고 직장생활을 하면서, 그 분들의 삶을 옆에서 지켜본 것도 이러한 결정에 한몫을 했다.

이왕 임원을 할 수 있는 기회가 있다면, 우리나라 기업이 아닌 외국계 기업에서 해 보자고 주사위를 던졌다.

주체적으로 살겠다는 강한 의지와 간절함이 방향타이다.

한국 지사장이 되고 나서 보이는 것들

젊은 시절에 인상 깊게 봤던 경제잡지 기사의 인터뷰 내용이 있다.

기자가 신생 업체의 CEO에게 어떻게 회사를 설립하게 되었는지 그 이유를 물어보니, 젊은 CEO가 대답하기를 "나는 회사가 어떻게 돌아가는지 모든 것을 알고 싶었는데, 회사 안에서는 그렇게 할 수 없었다. 그게 내가 직접 회사를 차린 이유이다."라는 답변을 했다. 지금 생각해봐도 젊은 CEO가 기존 회사의 직원으로 계속 근무했다면, 회사의 모든 것을 알고 싶은 궁금증은 풀리지 않았을 것이다.

나도 회사에 궁금한 것이 많은 편이었다. 기술직이다 보니, 다른 부서에서는 어떤 업무들을 어떻게 진행하는지 궁금했다. 재무, 회계, 영업,

HR, 전략 등 나랑 당장은 상관없는 부서의 직원들과 소통하면서 업무 흐름을 이해해 보려고 했었다. 그렇지만, 회사 안에서 타 부서의 업무를 이해하는 것은 생각보다 쉽지 않았다. 다른 부서의 대다수 직원들도 현장 직원이 사무실의 업무들에 많은 관심을 보일 때, 호감을 보이기보다는 거리를 두고 싶어했다. 물론, 외부 교육을 통해서 어느 정도 갈증을 채울 수는 있다. 특히, 회사의 경영과 영업에 관련된 교육 과정들은 국내에도 다양하게 개설되어 있다. 비전공자라고 하더라도, 이를 통하여 지식을 배우고 사례들을 익힐 수는 있다. 하지만, 교육이랑 실무는 다른 이야기이다. 실무의 살아 있는 지식과 자료들을 알고 싶다면 어떻게 해야 할까? 솔직히 말하자면, 아직까지 정답을 찾지 못했다. 하지만, 경영과 영업 관련 실무자들과 태스크포스(TF) 활동들을 해 나가면서 친분이 쌓이고, 그들이 사용하는 용어들이 낯설게 느껴지지 않게 되면서 관련 지식들을 확장해 나갈 수 있었다.

한국 지사장이 되고나서 피부로 느끼는 부분 중의 하나는 회사 경영 또는 운영에 필요한 대부분의 내부 자료를 확인 가능하다는 것이다. 지사장을 제외한 부서 단위에서는 해당 부서와 관련된 정보에만 접근할 수 있도록 제한하고 있다. 하지만 아쉽게도 한국 지사장이 되고 보니, 내가 부족하거나 알고 싶은 부서의 실무를 신경 쓸 수 있는 시간 여유가 많지 않다는 것이다. 왜냐하면, 한국 지사장이 챙겨야 할 각 부서의 업무가 적지 않다 보니 어느 한 가지 업무에 많은 시간을 할애할 수가 없다. 특히 조직관리를 포함한 HR에 많은 신경을 써야 하는 것이 현실이다. 또한, 이제는 일상이 된 본사와의 영어 화상회의도 빈번하게 이루어진다. 코로나 이전에는 이메일로 진행되었던 부분들도, 코로나 이후로는 화상회의로 변경되는 추세이다. 또한 가끔씩은 유럽 본사와 다른 국가 등으로 해외 출장도 다녀야 하는 일정이니 맘 편하게 내가 보고 싶은 것, 하고 싶은 것만 할 수 있는 자리는 아니다.

한국 지사장은 어느 부서에 속하기 보다는, 경영자의 관점에서 접근해야 한다. 회사 내 모든 부서의 개략적인 업무 흐름에 대한 이해를 가지고 가야 한다는 의미이기도 하다. 또한 영업, 재무회계, 그리고 현장과도 꾸준히 소통을 이어가야 한다.

두 번째, 만나는 사람들이 달라진다.

예전에 기술직 팀장으로 재직할 때는, 거기에 맞게 회사 내외의 사람들과 만남을 갖게 된다. 거래처가 바뀌거나 내가 몸담고 있는 부서가 변동되지 않는 한, 세월이 흘러도 기존의 네트워크가 크게 바뀌지 않는다. 반면에 지사장이 되고 나서 외부에 나가게 되면, 대부분 상대 회사의 임원 또는 대표이사를 만나게 된다. 대화 주제 또한 지금 당장 진행하고 있는 업무 이외의 시장 상황, 향후 비지니스 전망 등이 포함된다. 추가하여, 새로운 사람들과 네트워크를 쌓을 기회도 늘어난다. 하지만 다른 한편으로는 소모적 시간 낭비가 되지 않도록 주의가 필요하기도 하다. 회사 운영과 외부 활동이 조화를 이룰 수 있도록 스스로가 시간 관리에 신경을 써야 한다. 특히, 초기에는 내부 직원들과 충분히 소통하는 것도 중요하다. 이를 통해서 기업문화의 초석이 다져지기 때문이다. 또한 부서별로 팀 색깔이 다르므로, 이를 어떻게 하나의 기업문화에 녹여 낼 것인가에 대한 고민도 필요하다. 그렇지만, 본인 의지와는 상관없이 외부와의 접촉은 자연스럽게 늘어나게 된다. 이를 굳이 부정적으로 생각할 필요는 없을 것이며, 스스로 시야를 넓히고 다양한 주제를 생각해 볼 수 있는 긍정적인 기회로 바라보면 도움이 된다고 생각한다.

세 번째는 남 다른 책임감이다.

기업 규모에 따라서 달라지겠지만, 소규모일수록 한국 지사장은 해당 분야의 실무 경험을 요구하는 경우가 많다. 물론, 처음부터 대규모로 시작하는 경우에는 전문 경영인을 요구하기도 한다. 내가 아는 어떤 외국계 기업의 한국 지사장은 변호사 출신도 있으며, 다른 외국계에서는 영업맨 출신이 한국 지사장이다. 외국계 기업의 한국 지사장이라고 해서, 어느 하나의 틀에 가두어서 기준을 두기는 어렵다고 본다. 그보다는 본사의 방침, 그리고 우리나라에서 기대하는 비즈니스 진행 방식에 따라서 지사장에게 요구하는 사항이 다르다고 보는 것이 더 합리적일 것이다. 저자가 근무하는 기업에서는 경영에 대한 기본 이해도 요구하지만, 현장지식과 경험도 중요하게 생각한다. 따라서, 현장에서 커리어를 시작하여 T 자형 커리어를 만들어 왔다면 유리한 부분이 있다고 할 것이다. (T 자형 커리어라고 하면, 특정 분야에서 커리어를 시작하여 어느 시점에 다른 분야까지 커리어를 확장한 경우를 말한다. 한 분야에만 정통한 커리어를 가지고 있다면 I자형 커리어라고 한다.)

외국 본사에서 한국 지사를 설립하고 한국인 지사장을 채용한다는 것은, 한국 내에서의 조직 운용뿐만 아니라 이와 관련한 이슈와 문제의 일차 책임을 지사장이 지고 가야 한다는 의미이기도 하다. 이렇다 보니, 본사에서는 관련 실무 경력과 업무 이해도를 높이 평가할 수밖에 없으리라 생각된다. 현장에 대한 이해를 바탕으로 실무자들과 소통이 자유로울 수 있으면서, 경영 전반에 대한 이해도 있다면 기업들이 선호하는 관리자가 될 준비가 되었다고 할 수 있겠다. 관련 업무의 경력이 있다고 하더라도, 지사장 업무를 시작한 이후에는 또 다른 상황이 펼쳐질 수도 있다. 개인적으로 지사장으로 근무를 시작하고 나서 관공서 인허가, 사무실 임차, 직원 채용을 초반에 진행했었다. 이러한 업무들은 기존에 내가 하던 업무와는 전혀 연관성이 없었지만, 지사를 운영하기 위한 선결 과제들이었다.

궁즉통이랄까?

초기에는 관련 정보를 취합하고, 알고 있는 모든 네트워크를 동원하여 하나하나 실마리를 풀어갔다. 기존 직장의 동료, 알고 지내던 외부의 회계사나 노무사와 같은 전문가 네트워크, 그리고 인터넷 검색 등을 통한 자료와 업체 정보 수집을 통해서 회사에 적용할 수 있는 기준을 만들어 나갔다. 물론, 외부 컨설팅을 받는다면 비교적 수월하게 진행될 수 있는 업무들도 많았다. 하지만, '이번이 기회다.'라는 생각으로 직접 챙겨보고자 하였으며, 실제 부딪혀 보니 어려워서 못 할 일들은 없었다.

　내가 부족한 부분의 실무적 조언이나 도움을 받고자 할 때, 지인 찬스를 활용하는 것이 가장 빠른 접근법 중 하나였다. 예를 들어서, 이전 근무지의 인사 담당자 또는 회계 담당자에게 실무 조언을 구하곤 했었다. 하지만, 이때 조언을 주는 사람은, 본인의 지식과 경험 내에서 조언할 수 있다는 점을 인지하게 되면서, 한국지사에 필요한 내용은 스스로 최종적으로 확인해 나갔다. 또한, 당시 저자의 필요 때문에 업무적 연락을 너무 자주 하다 보니, 본의 아니게 서로 사이가 소원해진 예도 있다.

　희망찬 내일이 보인다면, 오늘의 어려움도 아무 것도 아니다.

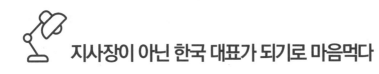

지사장이 아닌 한국 대표가 되기로 마음먹다

지사장과 한국 대표는 어감상으로도 차이가 느껴진다. 영어적 표현에도 Country Manager가 있고, Country Managing Director가 있다. 지사라는 단어에는, 전체 중에서 일부를 구성한다는 의미를 내포한다. 그에 반해서 한국 대표라고 하면 떠오르는 이미지가 대표성에 방점을 찍는다. 즉, 비록 우리나라에 한정되는 것이지만 회사를 대표한다는 것은 더 이상 누군가의 보호를 원하는 것이 아니라, 내가 직원들을 보호하고 회사를 보호해야 한다는 의미이기도 하다. 그만한 책임을 어깨에 짊어지고, 선두에 나설 마음의 준비가 필요하다.

우리나라의 지사마다 법인의 성격에 차이점은 있다. 즉, 국내에서의 업무 범위를 본사에서 어떻게 정하는가에 따라서, 그리고 국내 법규의 요구사항을 만족시키는 수준에서 지사의 규모와 구성이 달라진다고 할 수 있다. 예를 들어서 영업소 또는 대리점과 같은 법인을 설립하고 본사의 방침을 따르도록 할 수도 있으며, 또는 본사와 별개로 국내에 별도 법인을 설립하고 조직을 운영하면서 국내 시장에서 적극적으로 활동하기도 한다. 조직의 규모를 떠나서, 지사장이 되면 그만한 책임감을 동반한다고 하겠다. 때론 외로울 수도 있는 자리이지만, 이를 통해서 한 단계 성숙해질 수 있는 기회의 자리이기도 하다.

지사장과 국내 회사 임원의 차이 중 하나가, 의사 결정 구조에 있다고 할 수 있다. 국내 기업의 임원이라고 한다면, 의사 결정을 위해서 한 단계 더 거치거나 다른 부서와의 협조가 필요한 경우가 종종 발생한다. 하지만, 외국 기업의 지사장은 본인의 판단에 따라서 최종 결정하는 경우가 더 많은 편이라고 할 수 있다. 따라서 평소에 회사 경영에 관심이 많다면, 외국계 기업의 지사장을 맡아서 본인의 경영 철학을 펼쳐 보는 것도 매력적이라고 생각한다. 본사에서는 글로벌 표준을 우선 고려하여 지사를 운영하고자 하는 편이라면, 각 현지에서는 지사장을 중심으로 현지화를 해 나가야 한다. 이로 인하여 지사장은 본사와 지사 간의 소통 채널이자 퍼실리테이터가 되어야 한다. 일방적으로 본사의 정책에 따라간다고 한국 지사가 잘 운영되는 것도 아니며, 그렇다고 한국 지사만의 특수성을 강조하다 보면 본사의 방침과 부딪히는 상황이 자주 발생한다. 이 때 요구되는 역량이, 영어를 통한 소통 기술이다. 여기에 더하여 각 나라의 문화와 습관, 규정에 대한 배경을 이해한다면, 보다 소통이 원활할 것이다. 우리나라에서 사업을 하는 동안 일차적인 책임과 결정은 지사장의 몫일 수밖에 없다는 부분을 인지하고, 현지의 책임자로서 의사 결정을 하고 필요하다면 위험 부담도 안고 갈 수 있어야 한다. 소속 부서라는 것이 없고, 회사 내 모든 업무의 최종 책임자로서 그 무게를 감당하면서, 회사를 대표해서 외부의 이해관계자들을 만나고 신뢰를 쌓아 나가야 한다.

소프트 스킬이라 불리는 소통, 협상에 대한 노하우도 어느 정도 갖추어 둘 필요가 있다. 내가 주장하고 싶은 부분과 상대방이 의도하는 바를 센스있게 포착하고 내게 유리한 방향으로 이끌어 갈 수 있어야 한다. 한편으로 실무를 직접 진행하지는 않지만, 실무를 이해하기 위한 노력도 계속해야 한다. 특히, 요즘처럼 각종 규정과 최신 정보가 급변하는 세상에서는 더욱 그러하다. 여기에 더하여 현지의 최고책임자로서, 조직의 방향성도 제시할 수도 있어야 한다.

어릴 적 읽었던 책 중에, 지금은 고인이 되신 전 김우중 대우 회장님의 『세계는 넓고 할 일은 많다』가 있다. 책에서 전 김우중 대우 회장님은 주인의식에 대해 언급했다. 참고로 그때는 대우가 세계경영을 외치면서 고성장을 할 때였다. 자기 인생의 주인이 되려 하지 않고, 자기 인생에 대한 '주인 됨'을 헐값에 팔아 치우고 머슴으로 전락하는 어리석은 짓을 하지 말라고 강조한다.

"오늘의 조연으로 만족하지 말고 내일의 주인공을 꿈꾸자. 오늘의 조연에 만족하는 사람은 내일은 엑스트라로 전락할지 모른다. (중략) 아무도 자기의 인생을 대신 살아 주지 않는다. 여러분의 인생의 주인은 여러분 자신이다. 자기의 인생을 남에게 맡기려 하는가?"

                                    - 김우중, 『세계는 넓고 할 일은 많다』

　사원이 주인의식을 가지고 경영자의 시각으로 업무를 수행하길 바라는 것은 비현실적이라고 할 수 있다. 직원에게 주인의식을 가지라고 하면, "저는 회사 주인이 아닌데요."라는 대답을 들을 수 있다는 우스갯소리도 있다. 하지만 경영자의 눈으로 직원을 바라볼 때, 주인의식을 가진 직원이라면 믿고 맡길 수 있는 사람이라는 생각이 먼저 든다. 그리고, 이런 사람들은 어디에 있든지 무엇을 하든지 눈에 띄기 마련이다. 만약 당신이 지금 있는 그 자리에서 자기 주도적으로 일을 하는 사람이라면, 외국계 회사에서도 그 실력을 십분 발휘할 수 있을 것이다.

　이때, 오해하지 말아야 할 부분이 있다. 회사는 꼭 승승장구한 사람만을 원하는 것이 아니다. 완벽주의자를 좋게만 보지 않는 회사들도 많다. 회사 업무를 하면서 아픔과 실패를 겪는 것은 어찌 보면 당연한 것이다.

이때 이를 어떻게 극복했는지, 개인의 성장 기록을 가진 사람을 선호하는 회사도 많다.

외국계 회사에서 근무하고 싶다는 생각이 있다면, 나는 외국계에 적성이 맞는 사람인지 스스로 먼저 점검해 볼 것을 권한다. 자신이 맡은 분야에서 좋은 성과를 만들어 냈거나, 또는 외국계 회사에서 요구하는 커리어를 쌓았지만 개인보다는 단체로 업무를 수행하는 것을 선호하는 사람이라면 외국계 회사와 맞지 않을 수도 있다. 항상 내 뒤에 누군가가 있어야 심리적 안정을 취할 수 있는 경우도, 외국계 회사에서 어려움을 겪을 가능성이 높다. 그렇지만, 스스로 커리어와 실적을 복기해보며, 앞으로 나아갈 방향을 자기 주도적으로 계획하고 업데이트해 나가는 사람이라면 외국계 회사에서 더 빛을 발할 수도 있을 것이다.

현재에 만족하지 않고, 도전하고 싶은 확고한 목표가 있고 지금의 나는 그 목표를 향해 나아가는 중이라는 믿음이 있다면, 일단은 목표한 바를 이루기 위해서 계속 도전해 보라고 이야기하고 싶다. 행여 실패로 끝나더라도, 실패조차도 자신의 일부로 받아들이는 당당함이 필요한 시대이다.

마지막으로, 회사를 대표하는 사람이라면 시간 관리에도 능해야 한다. 누구에게나 똑같이 주어진 하루 24시간을 어떻게 활용하느냐에 따라서, 활동 무대와 소통 범위 나아가서 개인적인 성장에도 큰 차이를 보일 것이다.

왜 세계적 CEO는 바쁜 와중에도 시간을 내서 꾸준히 독서를 하려고 하는지, 왜 성공적인 사업가는 과중한 업무 속에서도 세상의 변화에 지속해서 관심을 보이는지 선택과 집중을 고려한 효율적 시간 관리와 함께 나에 대한 끊임없는 투자로, 복잡한 비즈니스 환경에서 살아남을 수 있는 나만의 필살기를 갈고 닦아야 한다.

내 인생의 주인공은 바로 나다.

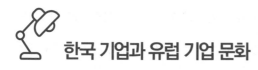

한국 기업과 유럽 기업 문화

먼저 밝히고 싶은 부분은, 아래의 경험은 전적으로 개인적으로 느낀 점이며, 유럽 회사라고 하더라도 기업문화에 차이가 있을 수 있다.

개인적으로 현재의 지사장이 되기 전까지, 국내 대기업 계열사에서 근무를 했었다. 우리나라의 직장인들이 생각할 만한 전형적인 한국의 회사 조직 구조 속에서 맡은 바 업무를 수행했다. 그러다 유럽 회사에 근무하게 되니, 가끔씩은 맞지 않은 옷을 입은 느낌이 들 때도 있다. 물론 이전에 다양한 국가에 출장을 다녔지만, 출장지에서 협의를 위하여 서양인과 업무를 진행하는 것과 같은 회사의 구성원이 되어서 업무를 수행하는 것은 전혀 다른 이야기이다.

개인적으로 생각하는 한국과 유럽 기업의 차이는, 문화 차이와 그 맥락이 같다고 생각한다. 유럽 회사의 경우, 회사 내에서 나이는 중요하지 않은 편이나, 직위에 따른 역할과 책임은 확실한 편이다. 회사의 기본 방침을 잘 지키는 한편, 본인의 업무를 스스로 책임지면서 수행해야 한다. 본사 직원들이 업무 수행 중 회의하는 것을 보면, 직위를 떠나서 자유롭게 소통하는 것으로 보인다. 그러나 회의를 끝내고 돌아서서 각자 맡은 업무의 처리 또는 이슈 해결은 담당자가 책임감을 가지고 주도적으로 추진해야 한다. 이러한 부분은 유럽과 미국 회사에서 큰 차이가 없어 보인다. 그에 비하여 한국에서는 직급이 낮은 경우에, 팀 단위로 보조 업무를 하면서 성장할 기회를 주는 것이 아직까지는 일반적이며, 회사에 입사한 지 얼마 안 되는 직원에게 처음부터 본인 주도의 업무 수행을 할 것이라는 기대치가 낮다고 할 것이다. 물론 국내에서도 일부 회사의 경우에는 이미 유럽이나 미국의 업무 방식을 도입해 운용하는 곳이 있는 등 변화의 흐름은 이미 시작된 것으로 보인다.

유럽 회사에서는 입사 후 스스로 경쟁력을 가지고 업무를 추진하는 방식을 선호한다. 기술, 영업 또는 행정 등 어떤 직무인지 상관없이 이러한 분위기이다. 입사 후 실무에 투입되었을 때, 선임자가 이끌어 주기보다는 개개인이 역량을 발휘해야 할 경우가 많다. 유럽회사에서 보이는 수평문화는, 개인주의의 연장선상에 있다고 할 수 있다. 기업에서는 책임자를 지정해서 업무를 맡도록 하며, 필요하다면 책임자에게 책임을 묻는 구조이다. 또한, 이직과 해고가 용이한 사회적 합의가 이루어져 있으니, 조직 내 수평문화도 그에 맞춰서 발달한 것으로 보인다. 개인도 나이에 상관없이 필요하면 이직할 수 있다고 생각을 하고, 회사도 성과가 없으면 해고할 수 있다고 생각하는 것이 상식이다. 서로의 필요에 의해서 회사와 개인이 계약을 하였으며, 어느 한쪽이 계약을 유지할 필요성을 못 느끼는 순간에 계약이 종료될 수 있는 것이다. 회사 입사 후에 본인이 생각한 업무와 다른 업무를 맡게 되거나, 본인의 기대치와 어긋난다고 생각되면 나이에 상관없이 본인의 주장을 펼칠 수 있으며, 합의점을 못 찾으면 퇴사를 하기도 한다. 그만큼 노동 시장이 유연하다는 의미이기도 하다. 국내에서도 업무 효율성 향상 등 시대적 요구사항에 따라서, 직급 파괴와 호칭 통일 등 수평문화를 기업 내에 도입하기 위한 다양한 시도들을 하고 있지만, 아직까지 그 실효성에 대해서는 아직까지 의견이 분분한 것으로 보인다. 수평문화가 한국 기업 내에서 뿌리내리기 위해서는, 기업문화뿐만 아니라 그 배경이 되는 사회적 합의가 바탕이 되어야 할 것이다. 나이가 들어서 이직이 쉽지 않은 사회적 분위기라면, 섣불리 퇴사를 결심할 수 없을 것이다.

채용을 기준으로 본다면,
유럽 회사는 그 직무에 적합한 사람을 채용하기 위해서 많은 노력을 기울이고, 한국 회사는 기본 역량을 갖춘 후보자를 채용해서 그 회사의 맞춤 인재로 키워 나가는 경향이 더 강한 편이다. 즉, 유럽 회사는 지원자의 보편성보다는 그 직무에 특화된 지식과 경험, 그리고 적성을 더욱 중요시하고 그 외의 배경, 예를 들어서 지역이나 학교 등에 대한 관심은 한국보다 덜한 편이다. 이러한 차이는 입사 후 교육 및 업무 접근 방법에서도 그대로 이어진다. 개인의 역량을 끌어올리기 위해서 회사에서 기울이는 노력을 기준으로 본다면, 유럽 회사보다는 한국 회사에서 더욱 많은 애정과 관심을 쏟는다고 할 수 있다. 다른 관점에서 보면, 장기 고용을 고려한 초기 투자라고 생각할 수도 있을 것이다. 개인적으로도 국내 기업 입사 후 신입사원 교육, 멘토링, OJT 교육, 관리자 교육, 리더십 교육 등 직무와 직급에 따라서 다양한 교육을 이수하였다. 반면에 유럽에서는 직무 교육에 더 집중하는 경향이 있다. 따라서, 현장 업무를 좋아하고 나이가 많더라도 현장 업무를 계속하면서 인정받고 싶어 하는 직장인이라면 외국계 기업도 좋은 선택지가 될 수 있을 것이다. 최근에 덴마크 본사에서 대학을 졸업한 공대 출신의 신입 여직원을 뽑았는데, 그 직원의 전공이 가장 중요한 기준이었다. 입사 과정에서는 인성검사를 중요하게 생각하는 편이다. 즉, 본인의 성격이 영업에 더 적합한지 기술직에 적합한지를 인성검사의 분석 결과로 판단하며, 영업직에 적합한 인성이라면 기술직에 채용될 가능성은 희박하다. 학교 졸업 후 첫 직장이지만 보조 업무로 근무를 시작하는 것이 아니라, 회사에서 그 직원에게 적합한 업무를 할당한다. 그러면 그 직원이 자기의 업무를 잘하기 위해서 스스로 노력해서 결과를 만들어 내야 한다.

회사가 정의하는 직원의 역할과 책임은 그 나라의 사회적 공감대와 시대적 요구사항을 바탕으로 한다고 생각한다. 우리나라는 조직에 대한 이해와 전체 속의 나를 인식하고 직장 내에서 성장하는 것을 선호한다면, 외국계는 좀 더 개인에 초점이 맞춰져 있다고 할 것이다. 이는 어디가 맞고, 틀리다는 시각으로 접근할 사안은 아니며, 그보다는 서로 다른 부분이 있다는 것을 인정하고 조화를 이뤄 나가려는 노력이 요구된다고 할 것이다. 서양에서는 어릴 적부터 토론 문화가 발달되어 있고, 자기주장을 적극적으로 표현하는 교육이 일반화되어 있는 데 반해, 우리나라는 아직까지 정해진 커리큘럼 체계를 따라서 학교 교육을 진행하는 영향도 분명 작용한다고 할 것이다.

예를 들어서, 본사에서 각국의 지사장들에게 직원들과 간담회 등을 통해서 자주 소통하고 서로를 이해하는 시간을 가지는 것을 장려한다. 이때, 그들이 생각하는 간담회는 근무시간 중 간단한 다과로 진행하는 것을 의미하며, 한국식의 회식 문화는 머릿속에 없다. 그들에게 저녁 회식은 그렇게 자주 있는 행사가 아니다. 이때, 본사에서는 간담회를 통해서 직원들이 솔직히 자기 의견을 얘기하고, 서로 소통할 수 있다고 생각한다. 하지만, 우리나라에서 음료수 하나 갖다 놓고 테이블에 앉아서 현장 직원들과 허심탄회한 간담회를 가질 수 있다고 생각하는 관리자는 그리 많지 않을 것이다. 특별한 이슈나 아젠다가 있다면 다르겠지만.

또한 본사에서 주관하는 글로벌 경영 미팅에 참석하게 되면, 유럽에서 온 동료들은 회의시간에 적극적으로 자기 의견을 얘기하지만, 싱가포르나 한국에서 참여한 동료들은 그에 비해서 현저하게 말 수가 적다. 아시아 문화에 대한 이해가 없는 유럽 직원의 경우, 업무회의 중 침묵하는 아시아 직원들을 오해할 수 있다. 즉, 현재 회의 중인 주제에 대한 관심이 없거나 자기 생각이 없는 것으로 판단하기도 한다. 이로 인하여 상호불신이 쌓이면, 본의 아니게 곤경에 처하는 상황이 발생할 수도 있다. 따라서 회의의 핵심 안건에 대한 맥락을 짚으면서 본인의 의견을 적절히 표현할 필요는 있다.

또 다른 사례로는, 출장 계획을 짤 때도 차이를 보인다. 우리나라 사람의 경우는, 가급적 함께 이동하려고 한다. 반면, 유럽인은 동료들과 따로 가야 하는 개인적인 사유가 발생했을 때, 이를 당당히 회사에 얘기하고 회사도 이를 자연스럽게 받아들인다. 다른 동료들도 굳이 서로 일정을 조율하여 같이 이동하려고 하지 않는다. 예를 들어서 유럽에서 싱가포르로 출장을 가게 된 직원이 여러 명 있고, 그 중에 한 명이 가족행사로 같이 이동할 수 없는 상황이라면, 그에 맞춰서 각자의 여행 계획을 수립한다. 싱가포르에서의 계획된 일정에 지장이 없다면, 회사가 굳이 왈가왈

부하지 않는 것이다.

적절한 의사표현과 커뮤니케이션 스킬은 국제 비즈니스의 기본이다.

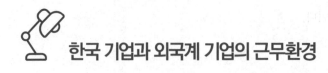

한국 기업과 외국계 기업의 근무환경

국내 기업의 임원과 외국계 기업의 지사장은 유사한 부분이 많이 있다. 두 가지 직책 모두 오너는 아니지만, 본인이 맡은 업무 영역에서는 책임감과 희생정신을 요구한다. 또한, 본사의 방침과 방향성에 맞추어서 사업을 진행해야 한다. 이때, 본사가 국내에 있는지 외국에 있는지에 따라서 근무환경에 차이를 보인다. 개인적으로 경험한 근무환경의 차이점은 다음과 같다.

먼저, 국내 기업의 경우이다.

국내 기업의 근무환경

장점

정서적 교감이 용이

: 외국인과 소통하는 경우와 비교해보면 차이를 쉽게 알 수 있다.

팀 단위 업무 수행

: 적어도 팀 내에서 함께 협의할 사람은 있다.

복리후생

: 경조사, 명절 등 국내에서는 당연시 되는 복지들이 있다.

비탄력적 해고

: 외국회사 임원의 임기 중 해고가 더 탄력적이다.

단점

고유 업무 외 부가 업무 추가

수직적 소통에 기초한 보고 & 회의 등

상명하복 문화

야근 등 개인 희생을 당연시 하는 문화

외국계 기업의 장단점은 국내 기업과 반대되는 경우가 많다.

외국계 기업의 근무환경

장점

수평적 의사소통

: 필요하다면 상사 또는 본사 임원과 소통 가능

효율적 보고 & 회의 문화

: 회의 참석 자체가 목적이 될 수 없음

핵심 업무에 집중

: 비교적 R&R이 명확

단점

글로벌 스탠다드 기준의 회사 방침

개인 위주의 실적 평가

탄력적 해고

이외에도, 기업마다 조금씩 다른 특징은 있을 수 있다. 예를 들어서, 외국계 기업이라고 하더라도 인간적 유대관계를 중요시하고, 한번 신뢰를 쌓고 나면 정년퇴직까지 근무하는 회사도 많이 있다. 또한, 글로벌 표준도 중요하지만, 한국 내 문화나 정서를 우선적으로 고려해 주는 기업들도 있다.

저자가 몸담고 있는 회사의 경우에는, 형식보다는 효율을 중요시한다. 회의는 화상회의로 진행하는데, 대부분 30분을 초과하지 않는다. 다양한 발표자가 있을 경우에는 1시간 정도 소요된다. 또한, 각자 업무를 진행하면서 탄력적으로 재택 또는 제3의 공간에서 근무도 가능하다.

덧붙여, 국내의 외국계 기업 지사장은 회사마다 차이가 있다. 본사 방침에 따라서 직원의 한 사람으로서 고용계약을 맺고 업무를 수행할 수도 있으며 등기이사로 등재되어 회사를 대표하여야 하는 경우가 있을 수 있다. 직원 또는 임원으로 나뉘는 기준은, 보수적인 측면도 있겠지만 국내에서 비즈니스를 수행하면서 관계법에 의해서 요구되어진다고 할 것이다. 즉, 우리나라에서 회사에 책임을 묻는 경우가 발생했을 때 등기이사는 대부분 공동 책임을 져야 하는 경우가 있을 수 있지만, 직원으로 고용된 한국 지사장은 그 범위가 한정적일 수 있다. 여기서 자세하게 다룰 내용은 아니지만, 임원은 민법의 위임규정 적용을 받고 직원이라면 근로기준법의 적용을 받는다.

회사 내에서 어떤 문제가 발생했을 때, 이에 대한 대처는 회사마다 차이가 있다. 지사장에게 많은 권한이 부여되어 있다면 최대한 국내에서 상황을 정리하도록 유도할 것이고, 본사 중심의 대응팀이 있다면 본사 또는 글로벌 기준으로 대응하려 할 것이다. 어느 경우이든, 지사장의 주도적이고 신속한 대응이 요구된다. 본사에서는 아무래도 국내 법규나 문화에 대한 이해가 부족할 수밖에 없는 실정이니, 지사장의 역할이 중요하다고 할 수 있다.

여기서는 국내 기업과 외국 기업의 근무환경 차이를 중심으로 다루었지만, 국내 기업의 임원과 외국계 기업의 임원을 자세히 비교해 보는 것도 의미가 있을 것이다. 만약, 국내 임원에 관한 궁금증을 해소하고 싶다면, 김혜영의 『임원이 된다는 것』을 일독해 볼 것을 추천한다. 임원에 대한 현실적인 이야기들이 많이 수록되어 있다. 국내에서 임원 자리에 오르는 것도 힘들지만, 그 자리를 계속 유지한다는 것은 더더욱 어려운 것이 현실이다. 그럼에도 불구하고 도전장을 내밀 각오가 되어 있다면, 외국계 기업도 옵션으로 생각해 볼 수 있을 것이다.

상대방을 알고 나를 알면 백 번 싸워도 위태롭지 않다.

2장

나는 행운아였다

어떻게 다국적 기업의 한국 지사장이 되었니?

유럽에 본사가 있는 다국적 기업의 한국 지사장으로 취임하고 나서, 나를 알고 있는 지인들과 만나게 되면 받게 되는 몇 가지 질문이 있다.

"어떻게 그 자리에 갔니?"

"누가 소개해 줬니?"

대부분은 한국 지사장이라는 자리는 아무나 갈 수 있는 자리가 아닌, 특별한 사람이 가는 자리라는 생각을 먼저 한다. 물론 나도 이전에는 그렇게 생각했으니, 충분히 공감이 가는 대목이다. 이렇다 보니 어떻게 하면 한국 지사장이 될 수 있는지 궁금하긴 한데, 무엇을 질문해야 하는지 떠오르지 않는 것이다. 마치 전교 1등에게 "어떻게 공부를 잘하게 되었니?"라고 묻거나, 부자에게 "어떻게 부자가 되셨나요?"라고 질문을 던지는 느낌을 받는다.

이런 질문에 짧게 대답해야 하는 상황이라면, 간단히 "운이 좋았다"고 대답한다. 왜냐하면, 스스로도 다국적 기업의 한국 지사장이 되겠다는 목표를 가져본 적이 없으니, 운 좋게 이 자리에 오게 되었다는 것도 틀린 말은 아니다. 만약에 서로 얘기할 시간이 충분하다면, 계획적으로 준비한 것은 아니었지만, 그래도 이 자리에 필요한 여러 가지들을 그동안 경험해 보았기에, 약간의 두려움은 있었지만 지원하게 되었다고 얘기해 준다.

먼저, 운이 좋았다는 짧은 대답을 듣는 상대방은 왠지 별 것 없다는 생각이 들어서 허탈해하기도 한다. 분명 뭔가 있는데 얘기를 안 해 준다는 눈치이기도 하다.

다음으로, 그동안의 커리어가 지사장 자리에 지원할 수 있게 해 주었다는 얘기를 하게 되면, 크게 두 가지 반응이 나온다.

첫 번째로, 그렇게 회사생활을 한 지 몰랐다는 반응이다.

몰랐다는 것도 무리는 아니다. 개인적으로 승진을 목적으로 하거나, 누군가에게 잘 보이기 위해서 직장생활을 열심히 한 적이 없었으니, 회사에서 눈에 띄는 편은 아니었다. 그보다는 평상시 관심 있었던 주제를 들여다보고, 못 해 봤던 업무를 하기 위해서 많은 노력을 기울였다. 그때마다 함께 일했던 동료들에게 "일만 열심히 한다"는 놀림 아닌 놀림을 받은 적도 있었다.

몇 가지 사례를 들자면,

전사 태스크포스(TF)가 구성되면 기회가 되는 대로 참여하려고 노력했었다. 태스크포스에 들어간다는 것에 반감이 있는 사람도 있을 것이다. 왜냐하면, 태스크포스에 들어가서 다른 부서의 직원들과 함께 회사의 이슈나 미래 먹거리를 고민한다고, 내가 원래 소속되었던 업무를 완전히 잊고 지낼 수는 없기 때문이다. 가끔씩은 이로 인하여 득보다 실이 더 많을 때도 있다. 태스크포스에 들어왔다는 이유만으로 이전 부서의 업무나 동료를 소홀히 하면 태스크포스가 마무리된 후에 본인의 자리가 많이 축소되어 있을 수도 있다. 그렇다고 회사에서 지대한 관심을 가지고 구성한 전사 태스크포스를 소홀히 하게 된다면, 전사 평판이 나빠지게 되므로, 차라리 태스크포스에 들어오지 않은 것만 못한 결과가 될 수도 있다. 개인적으로는 태스크포스와 부서 고유 업무를 7:3 또는 8:2 정도로 유지하려고 노력했다.

두 가지를 동시에 잘하기 위해서는, 먼저 자신의 고유 업무에서는 전문가가 되어 있어야 한다. 그래야 짧은 시간에 핵심을 파악하고, 내가 할 수 있는 부분을 정리하여 진행할 수 있다. 이렇게 하더라도 업무 증가는 피할 수 없는 상황을 맞이하곤 했다. 어떤 방식이든 회사에서 본인의 입지와 인지도를 쌓아 가기 위해서는 두 가지 업무를 적절히 조화롭게 해 나가야 한다.

태스크포스에 몇 번 참여하다 보면, 타 부서의 직원들과 유대감을 쌓을 수 있고, 또한 다른 부서의 업무 접근 방식과 처리 프로세스를 이해하는 데에도 도움이 되는 장점이 있다. 항상 하던 업무가 아니므로, 이로 인해 스트레스를 받는 경우도 종종 발생한다.

다음으로, 개인적으로 노력했던 부분은 회의시간이나 타 부서의 도움 요청이 왔을 때 적극적으로 나섰던 부분이다. 어느 정도 연차가 쌓이고 나서 회사의 정기 회의에 참여하게 되면, 평상시에는 대부분 알고 있는 내용의 실적과 향후 계획에 관한 내용을 다룬다. 그런데, 가끔씩은 새로운 아이디어나 예전에 해 보지 않았던 업무들에 대한 주제가 언급되어진다. 예를 들어서 해외 고객사에서 Audit를 온다든가, ISO 개정을 추진해야 한다든지, 또는 사내에 대규모 신규 프로젝트를 가동하기로 했다는 등 평소에 얘기되지 않던 내용들이 회의 테이블 위에 올라올 때가 있다. 회사에서 이러한 얘기들이 초기에 다루어질 때, 상사나 타 부서 동료들과 적극적으로 대화하고 의견을 개진하는 편이었다. 그리고 얘기가 끝날 즘에 "내가 도울 일이 있으면 언제든지 얘기해 달라"는 말을 전하는 것도 잊지 않는다. 누군가가 먼저 손을 내밀어 준다면, 상대방은 든든한 우군을 얻었다는 느낌을 가지게 될 것이다. 이로 인하여, 이번뿐만 아니라 다음에 다른 업무를 추진할 때도 스스로 손을 먼저 내밀었던 사람을 찾아오는 효과도 있다. 물론 말뿐만 아니라, 실제 지원해주는 과정에서도 최선을 다해야만 효과가 있는 방법이다.

두 번째로, 한국 지사장에게 다양한 역할이 요구된다는 것에 놀라워하는 그룹이다.

지사장이 되면 지시만 하고 자기 시간을 많이 가질 수 있을 것이라고 생각하는 경우이다. 저자가 몸담고 있는 다국적 기업은 실무자형 관리자를 선호한다. 현장은 문외한이고, 자기 책상에만 앉아서 업무 처리를 하겠다고 생각한다면 이 회사와는 안 맞는다는 얘기가 될 것이다.

예를 들어서, 회사에서 임원을 선임하고자 하는데 2명의 후보가 있다고 하자. 먼저 A라는 임원 후보는 회사의 방침을 잘 이해하고 항상 CEO와 외부 네트워크의 소식에 귀를 기울이는 데 뛰어난 능력이 있다. 그런데 B라는 임원 후보는 이와 반대로 실무에 대한 충분한 지식과 경험이 있어서 현장의 분위기가 어떠한지 쉽게 파악하고 실무자들과 소통이 용이한 후보자라고 하자.

만약 당신이 CEO라면 어느 후보자를 임원으로 선임하겠는가?

사실 정답은 없다. 또한, 회사의 규모에 따라서 대답은 달라질 수 있다고 생각한다. 그렇지만 회사가 소규모라면, A 후보자보다는 B 후보자를 임원으로 선호할 것이고, 규모가 큰 기업이라면 A 후보를 더 선호할 수도 있을 것이다. 회사가 원하는 인재상과 나의 강점이 맞을 때 회사와 개인이 윈-윈할 수 있을 것이다.

지금은 누군가 나에게 어떻게 한국 지사장이 되었는지 묻는다면, 굳이 긴 설명은 하지 않으려고 한다. 그보다는, 요즈음에는 이런 자리가 우리나라에 많이 늘어나서 누구나 관심이 있으면 도전해 볼 만한 자리라고 얘기를 해 준다. 이제 대한민국도 선진국이고, 다양한 산업이 생성되고 발전할 수 있는 환경을 갖춘 나라이므로 세계에서도 우리나라 시장에 주목하는 게 당연한 시대에 우리는 살고 있는 것이다. 링크드인에서 "Country Manager"라고 검색어를 입력하고 지역을 대한민국으로 설정하면, 다양한 분야의 지사장 구인광고를 볼 수 있을 것이다.

하지만, 다른 사람이 아닌 스스로에게, '어떻게 한국 지사장이 되었냐'고 질문을 던진다면 그 대답은 이럴 것이다.

하나라도 더 지식과 경험을 늘리기 위해서 노력했던 30대와 40대, 환영받지 못하더라도 타 부서의 직원들과 어울리기 위해서 점심이나 저녁 약속을 잡았던 시간들, 관심 있는 교육이 있어서 주말 새벽부터 밤늦게까지 아이들과 떨어져서 자기 계발에 매달렸던 날들, 책을 낼 기회가 있어서 새벽형 인간으로 변신해서 살았던 기간들, 강의 스킬을 내재화하기 위해서 적극적으로 교육 자료를 만들고 사내 강사로 활동한 기록들, 이러한 경험들 속에서 내재화된 커뮤니케이션 스킬, 문서 작성 능력, 사람과 시간 관리, 영업과 경영에 대한 이해. 이러한 암묵지들이 한국 지사장이라는 포지션에 지원할 수 있게 해 준 원동력이자 자신감의 원천이었다고 얘기해 주고 싶다.

만약 서른 살의 내가 외국 기업의 한국 지사장을 목표로 커리어를 쌓아 나가려고 했다면, 경영 쪽에 더 포커스를 두고 자기계발을 하려고 했을 것이다. 지사장의 직무에 대한 이해가 부족하다 보니, 회사관리 또는 경영에만 초점을 맞추려고 했을 것이다. 하지만, 돌아보니 전문 분야에서 충분히 실력을 쌓고 나서, 다른 부서 또는 전사 업무를 했던 경험들이 오늘의 나를 만드는 데 훨씬 더 도움이 되었다고 생각한다. 한국 지사장의 구인 광고에서도 대부분 관련 업계에서의 경력을 요구하는 경우가 대부분이다.

그리고, 외국 기업으로 자리를 옮기고 나서 알게 된 사실이긴 하지만, 우리나라에 생각보다 소규모 외국계 지사가 많다는 것을 알게 되었다. 개인적으로는 헤드헌터로부터 오퍼를 받고 난 후에 지사장으로의 이직을 고민했지만, 이 글을 읽고 있는 당신이라면 먼저 관련업체에 대한 조사부터 시작할 수 있을 것이다. 국내에 어느 정도의 외국계 기업이 존재하는지, 그 중에서 내가 경력을 내세울 수 있는 분야는 어디인지, 또한 그곳으로 이직을 고려한다면 어떤 점들이 나의 강점들이고, 어떤 부분을 더 준비해 두어야 하는지 미리 계획할 수 있을 것이다. 만약 본인이 충분히 준비된 인재라고 생각된다면, 그 기업의 HR 담당에게 연락해서 본인을 먼저 어필할 수도 있다. 이때 좋은 인상을 남겼다면, 지금 당장은 아니더라도 다음에 공석이 있거나 추가 인원이 필요할 경우에 당신에게 먼저 연락이 올지도 모를 일이다.

시장은 준비된 인재를 원한다.

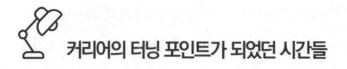

커리어의 터닝 포인트가 되었던 시간들

　돌아보면 지금의 내가 만들어져 왔던 시간들 중 주목할 만한 시간들이 있었다. 물론 그 당시에는, 대단한 기회라는 생각도 못 했고 이 또한 지나가리라는 마음으로 시간을 보낸 적도 있었다. 하지만 이제 와서 생각해보니 그때 다른 선택을 했다면, 지금의 내가 상상하지 못하는 다른 곳에 자리를 잡고 있을 것이다.

　대학 졸업 시점에 들으면 알 만한 몇 군데의 대기업에 입사 지원을 했었고, 입사 기회를 얻을 수 있었다. 그런데, 취업 시즌에 학교를 찾아온 졸업생 선배들의 경험담은 향후 진로를 다시 한 번 생각하게 만들었다. 즉, 지방 공대 출신으로 남들이 알아주는 대기업에 입사했을 때 주로 하는 업무들이, 그렇게 매력적으로 들리지 않았다.

　그 중에서 남들이 알아주는 대기업의 부장 진급을 앞둔 선배가 해 준 충고가 가장 인상적이었다. 남들이 알아주는 대기업에 입사하고 결혼하여 누구 부럽지 않은 사회생활을 하는 것으로 보이던 선배가, 막상 졸업을 앞둔 후배들에게는 "취직을 하기 전에 내가 하고 싶은 게 어떤 것들이 있는지 고민을 해 보고, 꼭 대기업이 아니더라도 본인이 해 보고 싶은 분야로 진출해라."라고 지나가는 말로 충고를 해 주었다. 사실 그때는 선배의 직장생활 노하우를 잘 알아듣지 못했다. 당시에 그 의미를 정확히 알 수는 없었지만, 그 진심은 느낄 수 있었다. 지금 생각해보면 부모님이 원하는, 배우자가 원하는 모습으로 살아가는 이 땅의 평범한 40대 가장이 자신을 돌아보면서 던진 넋두리일 수도 있겠다는 생각이 들었다.

　대학교 4학년 시절, 모두들 어디에 입사지원서를 내었는지 안부를 물으며, 어느 회사의 복지가 더 좋다는 주제로 대화를 하고 있을 때, 나는 크게 관심을 가지지 않았다. 당시 동기생 대부분이 공장이 있는 현장 부서로 배치를 받아 가는데, 나는 그렇게 내키지 않았다. 아마도 그 전에 내가 경험한 공장 아르바이트가 기억에 남아 있었기 때문이었을 것이다.

　자연스럽게 많은 사람들이 선호하고 경쟁률이 높은 곳을 피해서, 아직 덜 알려지고 경쟁이 심하지 않는 분야가 어디인지 찾아보게 되었다. 그리고, 당시 운이 좋게도 우리나라에서 막 태동하는 산업에 뛰어들어서 글로벌 비즈니스를 하는 회사를 알게 되었다. 그때부터 22년간 그 회사에 재직해서, 소속 본부의 수석 팀장으로 근무한 후에 스스로 퇴사 결정을 했으니, 나름 괜찮았던 선택이었다고 자부한다. 만약 그때 동기들이 많이 가는 회사에 나도 갈려고 했다면, 글로벌 비지니스에 몸담을 기회는 없었으리라 생각된다.

입사 후에는 크게 두 번의 터닝 포인트가 있었다.

당시 국내에서 프로젝트관리(Project Management)가 산업계에 본격적으로 태동하던 시점이었다. 이왕 진행하는 프로젝트를 선진국처럼 체계적으로 관리하면서 진행하기 위하여 국내에 도입된 선진 기법이다. 예전에는 대한민국이 일만 잘해도 글로벌 시장에서 사업 수주에 어려움이 없었던 시절이 있었다. 하지만 더는 현장 일만 잘하는 것에 그쳐서는 안되고 체계적인 계획 수립, 위험관리, 효율적 의사소통 등 프로젝트를 체계적으로 A에서 Z까지 관리하는 역량까지 갖추어야 글로벌 시장에서 경쟁력을 가질 수 있는 시대가 되었던 것이다. 특히 다국적 인원들이 함께 모여서 글로벌 비즈니스를 진행할수록, 프로젝트관리에 대한 요구사항은 더 많았다.

당시 저자가 재직 중인 회사에서도 사내에 프로젝트관리 기법을 도입하여 프로젝트를 관리하기로 의사 결정을 하고, 전사적으로 시스템 준비와 함께 직원 교육을 진행하였다. 이때, 평일 새벽에는 출근 전 24시간

카페에서 2시간씩 공부를 하고 난 후 출근을 하고, 주말에는 도서관에 아침 일찍 도착해서, 도서관 문 닫을 때까지 자리를 지켰었다. 그 결과, 사내 1호로 미국에서 발행하는 국제 프로젝트관리 자격증을 취득하면서, 회사에서 존재감을 알리는 기회가 되었다.

프로젝트관리 자격증 공부를 하면서, 놀라웠던 점 중에 하나가 프로젝트관리 가이드북을 알게 된 것이다. 이 책은 프로젝트의 책임자가 프로젝트를 진행하기 위해서 프로젝트관리 관점에서 알아야 할 항목들, 관리 포인터 그리고 실무 활용에 대한 안내서이다. 그런데, 이 책의 저자들은 자원봉사자로 참여하여 책을 완성했으며, 지금도 또 다른 자원봉사자들이 참여하여 계속해서 업데이트하고 있다. 더욱 놀라운 점은, 자원봉사자들에 의해서 쓰인 책이라고 해서 얕보아서는 안 된다는 것이다. 각자 분야에서 엄청난 업력을 자랑하는 전문가들이 자신의 지식과 노하우를 담아서 만들어 낸 책이기에, 이 책의 구성과 내용 또한 높은 수준을 자랑한다. 왜 이 책이 프로젝트관리자에게 바이블 같은 존재인지를 확인할 수 있는 시간이었다. 이 책의 또 다른 대단한 점 중에 하나는, 모든 산업에 프로젝트관리가 적용될 수 있도록 했다는 것이다. 전혀 다른 업종, 예를 들어서 서비스업, 제조업, IT산업 등 모든 산업 분야를 관통하는 공통 주제의 핵심 내용을 묶어서 하나의 기준을 만들었다는 것 자체가 신선한 충격이었다. 왜 선진국에서 프로젝트관리를 강조하는지에 눈을 뜨는 기회가 되었다. 프로젝트관리 자격증을 취득한 후에는, 관련 단체에서 진행하는 교육 및 포럼 등에 참석하면서 관련 네트워크도 쌓아 나갔다. 또한, 동일한 자격증을 보유한 사람들끼리 모여서 프로젝트관리 관련 서적도 공동으로 출판하였다. 돌이켜보면, 프로젝트관리 자격증을 따지 못했다면, 상상도 할 수 없는 활동들이었다.

현장에 프로젝트관리 기법과 툴을 적용하기 위해서 고민을 해 가던 시점에, 또 한 번의 터닝 포인터가 찾아왔다. 당시에 소규모 프로젝트 현장에서는 프로젝트 책임자로, 대규모 프로젝트 현장에서는 아직 현장의 부책임자로 프로젝트를 수행하면서 현장이 주 근무지였는데, 어느날 회사로부터 호출을 받게 되었다.

사무실에서 개별 프로젝트를 총괄하는 포트폴리오 관리자를 찾고 있었던 것이다. 그리고 당시에 현장에서 프로젝트의 부책임자로 바빠서 사무실에 잘 가지도 못했던 나에게 그 기회가 온 것이었다. 하지만, 당시에 사무실로 이동하지 못하게 만드는 몇 가지 변수가 있었다. 먼저, 현장의 프로젝트 책임자가 강한 반발을 했다. 그 당시에 진행 중인 프로젝트가 마무리 단계였는데 부책임자가 빠진다면 프로젝트를 제대로 마무리하기 어렵다는 의견을 사무실로 강하게 전달했다. 그 뒤에도 현장의 핵심 인력이 빠지면 현장의 전력 누수가 심하다고 회사에 수차례 의견을 전달하였던 것이었다. 이로 인해서, 현장으로부터의 요청이 있을 경우에는 현장 지원을 당분간 계속한다는 전제하에 사무실 발령이 났다. 개인적인 입장에서는 프로젝트 현장 일도 계속 모니터링 하면서, 사무실에도 정착해야 했던 과도기였다. 어떤 날은 주간에는 계속해서 프로젝트 현장과 연락을 하고, 저녁이 되어서야 사무실 업무를 볼 때도 있었다. 다음으로 집에서도 반대가 있었다. 이제까지 현장의 기술직으로 근무한 사람이 사무실에 잘 자리 잡을 수 있겠는가 하는 우려의 목소리였다. 지금 생각해 보면, 나를 생각해주고 인정해주는 고마운 얘기들이었다. 하지만, 안타깝게도 가까운 주변에서 해 주는 조언에 '나의 성장'은 고려 대상이 아니었다. 그 와중에, 사무실 근무를 선택하게 된 판단 기준은 비교적 단순했다. 향후 50, 60세가 되었을 때 회사 전반, 나아가서 사회가 돌아가는 것에 대한 이해를 하고 있어야 한다는 것이 나의 첫 번째 선택 기준이었다. 왜냐하면 요즘 시대가 정년퇴직 한다고 해서 안정적인 노후가 보장되지 않으니, 정년퇴직 이후에도 나의 커리어를 이어가려면 회사가 작동하는 방식과 사회의 시대적 변화를 놓치고 싶지 않았다. 그리고 그 시점을 따져 봤을 때, 이제 사십 세가 다 되어가는 지금 시점에 하지 않는다면 다시 적절한 타이밍을 잡기 쉽지 않을 것이라는 생각이 앞섰다. 만약 오십 세가 되어서 이런 기회가 다시 온다고 했을 때, 개인적으로 그 기회를 살릴 자신이 없다고 생각했다. 그때 십여 년의 현장 근무를 더 이어갔다면, 그 당시는 수당 등으로 보수가 조금 더 많았을 수는 있지만, 회사 운용에 필요한 인사, 노무, 회계, 기획이나 영업에 대한 이해는 전혀 없이 정년퇴직을 맞이하게 되었을 것으로 생각된다.

주변에서 찾는 사람이 되라. 성장이 따라올 것이다.

전 세계를 다닐 수 있었던 젊은 시절

해외 경험이 외국계 회사에 꼭 필요하다고는 생각하지 않는다. 이제는 국내에서도 외국인들을 쉽게 만날 수 있고, 영어 학습에도 어려움은 없는 환경이다. 하지만, 본인이 희망하는 외국계 기업이 있다면, 그 기업의 본사가 있는 나라의 역사와 문화를 찾아보고 기회가 된다면 직접 방문해 볼 것을 추천한다.

개인적으로는 회사 입사 직후, 남들이 한 번쯤 가 보고 싶다고 버킷 리스트에 담아두는 하와이가 첫 번째 해외 출장지였다. 입사한 지 한 달 만에 맞이했던 큰 사건이었다. 돌아보면, 그때는 영어도 부족하고 외국의 각 나라에 대한 정보도 부족했지만, 자신감 하나만큼은 대단했다. 지금 생각해도 어디서 그런 자신감이 나왔는지 모르겠지만, 모르는 곳을 가더라도 문제될 것이 없다고 생각했고, 알고 있는 단어와 몸짓을 조합하여 콩글리쉬로 할 말은 다 하려고 했었다.

회사에 입사하기 전까지 나는 비행기를 타 본 적이 없었다. 또한, 외국인과 영어로 10분 이상의 대화도 해 본 적이 없는 사람이었다. 무식하면 용감하다고 했던가? 그때 나의 모습이 그러했다. 해외 출장을 간다면 뭘 준비해야 하는지도 모르고, 방문하는 나라에 대한 기본 정보나 이해도 없었다. 특히 처음 몇 번의 해외 출장은 좌충우돌 그 자체였다. 호텔 이용에 대한 기본 지식도 없고, 식당이나 숙소 주변의 공간과 시설도 충분히 활용하지 못했었다. 지금은 웃으면서 얘기할 수 있지만, 그때만 해도 당황스러웠던 순간이 한두 번이 아니다. 하와이 출장만 하더라도, 한국에서 겨울이 시작되는 11월에 출발하느라 두터운 겨울 점퍼를 입고 떠났다. 하와이에 도착해서 숙소에 도착하기 전 고객사와의 미팅이 먼저 예약되어 있어서, 겨울 점퍼를 계속 들고 다니느라 고생했던 기억은 지금도 잊을 수 없다. 아마도 해외여행 경험이 있었다면, 한국에서는 조금 쌀쌀하게 느껴질 정도의 옷차림으로, 이왕이면 겨울 옷보다는 가을 옷을 여러 겹 챙겨 입고서, 기내에서부터 하와이 도착을 준비했을 것이다.

이어서 두 번째 해외 출장지는 페루였다. 누구는 인생에 꼭 한 번은 가보고 싶다는 마추픽추로 가는 여정이었으나, 그때는 그냥 남미라는 곳에 처음 가 본다는 생각으로 출장길에 올랐다. 또한, 그 나라의 안전이나 사회 시스템이 어떻게 되어 있는지 전혀 이해 없이 현지에 도착했다. 당시만 해도 남미의 치안이 불안한 편이라서 특히 야간에 외국인이 이동할 때는 조심해야 할 장소들이 있었는데, 이런 부분에 대한 이해가 없어서 용감하게 야간에 시내 구석구석을 활보하기도 했었다.

또한, 미국의 볼티모어에 출장을 갈 기회가 있을 때는 미국에 도착해서 공항에서부터 차량을 대여해서 이동을 했었다. 그 당시에 미국이라는 나라를 더 알고 싶어서, 주간에 업무가 끝나면 한국에서 발급받은 국제면허증 하나 믿고 야간 운전으로 여러 곳을 다녀보았다. 한 번은 야간에 일방통행인지 모르고 진입하여, 반대편에서 오는 운전자가 고래고래 소리를 지르기도 했다. 그때 순간적으로 당황하여, 그 자리에서 어쩔 줄을 몰라 하면서 Sorry, sorry만 남발했었다. 미국이라는 나라도 치안이 잘 유지되는 구역과 그렇지 못한 구역으로 나뉘어져 있다는 것을 그때 피부로 느꼈다. 그리고 우리 교민들도 여유가 있으면 백인이 거주하는 구역을 더 선호한다는 것도 알게 되었다.

외국에 대한 이해가 없으면 없을수록, 모든 기준은 우리나라에서의 일상이 기준이 된다. 빠른 인터넷, 치안이 잘 유지된 환경, 가방이나 노트북을 잃을 걱정을 안 하는 점 등 한국에 살면서 당연하게 여겼던 부분들을 해외에 나가게 되면 다시 한 번 생각해 보게 된다. 어느 나라에 가는지에 따라서 차이는 났지만, 선진국인지 후진국인지를 떠나서 한국만큼 인프라를 갖춘 나라를 해외 출장지에서는 찾을 수 없었다.

잦은 해외 출장을 하게 되면, 개인적으로 크게 두 가지 현지 정보를 수집하고 접근하려 했다. 먼저 정보 취득의 경우, 한국에서 인터넷을 통해 그 나라에 대한 기본 정보를 확인하고, 현지에서 교민이 운영하는 식당을 알아본다. 그리고, 현지에 도착하면 가급적 첫날의 식사는 교민이 운영하는 식당에 가서 하려고 했다. 그곳에서 최신 소식뿐만 아니라, 내가 인터넷에서 확인한 내용들이 맞는지도 알아본다. 20년 전에는 이렇게 접근하여 짧은 출장 기간 중 시행착오를 최소화하면서, 그곳의 문화와 현재 모습을 알아보려 했었다. 다른 관점에서는 그 나라의 다운타운에 머무는 것이 좋을지, 자연을 돌아보는 것이 좋을지를 먼저 정하려 했다. 물론 장기간 출장으로 다양한 경험을 할 수 있으면 좋겠지만, 업무상 출장은 대부분 그리 길지가 않았으며, 자유 시간에 한계가 있는 일정이 대부분이다. 이때, 그 나라에서 꼭 가 보고 싶은 곳이나 알고 싶은 문화를 정해 놓아야 효율적으로 동선을 계획하고 알찬 시간을 보낼 수 있다.

이렇게 출장 중에 짬을 내서, 한 번씩 그곳의 유명 휴양지에 가 볼 기회가 있었다. 그곳에 방문하는 관광객뿐만 아니라 현지인도 너무나 여유로워 보인다는 점에 처음에는 적잖이 놀랐다. 해변가를 가더라도 가게라고는 찾아볼 수 없었던 휴양지도 있었고, 식당에서 주문한 식사가 늦게 나오더라도 손님이나 종업원 모두 서로 웃으면서 대화하는 모습들이 한국에서만 살아 온 나에게는 너무나 낯설고 어색한 모습들이었다.

위 사례 이외에도 재직 기간 중 열다섯 개 이상의 나라에 출장을 다니면서, 견문과 시야를 넓힐 수 있었다. 그 중에서 러시아에 출장을 갔던 에피소드도 잊지 못할 소중한 추억이다. 모스크바에 업무 차 출장을 가게 되었다. 현지에 도착해서 만났던 에이전트, 러시아의 사업가와는 영어로 소통하였다. 그때까지만 해도, 국제 비즈니스를 하니 모두가 영어로 소통할 것이라고 생각했었다. 그렇게 그들과 함께 발주처가 주관하는 관계자 회의에 참석하는데, 정작 발주처는 영어로 말을 하지 않는 것이었다. 나중에 그 이유를 따로 물어보니, 일종의 불문율이라고 하였다. 즉, 발주처에도 영어에 능통한 사람이 있음에도 불구하고, 굳이 영어로 의사소통을 하지는 않는다는 것이다. 러시아에 대한 자부심, 그 자부심을 가능케 하는 역사와 문화가 그 배경이었지만, 회의 공식 언어가 러시아어만 가능하다고 상상을 못 하고 참석했던 나로서는 할 말을 잃을 수밖에 없었다.

이렇게 해외 출장을 자주 다니게 되면서, 개인적인 의문을 가졌었다.

왜 글로벌 비지니스가 이렇게 활성화되었는지, 앞으로는 어떻게 발전되어 갈지 궁금해졌다. 국내 산업도 마찬가지이지만, 국제적인 산업 트렌드를 지켜보면 어떤 산업이 글로벌 비지니스로 발전해 가는지 느낄 수 있다. 각 나라에 꼭 필요한 기술이거나 환경보호 등에 핵심 산업들은 글로벌 비지니스로 성장할 수밖에 없다. 안타깝게도 이러한 기술 진보의 대부분은 선진국이라 불리는 미국 또는 유럽에서 시작되어, 발전하고 쇠퇴하기를 반복한다. 그리고 산업이 성장하면서 해외, 특히 아시아로 확장하려는 경향이 강하다. 이를 통하여 글로벌 시장을 선점하고 관련 네트워크를 갖추게 되는 기업은 블루오션에서 충분한 이익을 누린다. 최근에 각광받는 신재생에너지, 우주산업에서도 이러한 흐름은 유지될 것으로 보인다. 지금은 인터넷이 발달했고, 주요 도시 간의 정보 격차도 많이 줄어들었지만, 최신 산업 분야에 국한하면 아직까지도 이러한 트렌드는 유지되는 것으로 보인다. 물론 틈새 산업에 도전해서 성공하는 각국의 사례들도 늘어가고 있지만, 주요 산업의 주요 제품에서 미국이나 유럽보다 앞서서 신규 산업을 창출하고 해외로 수출하는 경우는 자주 볼 수 있는 풍경이 아니다.

전 세계인이 필요로 하는 기술, 그 속에 글로벌 비지니스의 답이 있다.

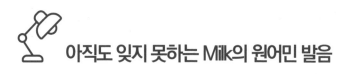

아직도 잊지 못하는 Milk의 원어민 발음

글로벌 비지니스, 해외 출장이라고 하면 영어를 빼놓을 수 없을 것이다.

학창 시절에 대부분 독해 위주로 영어 공부를 했던 세대라서, 말하기와 작문은 자유롭지 못한 상황에서 직장생활을 시작했었다. 그들이 주로 사용하는 문구는 아예 고려 대상이 아니었고, 지금처럼 번역기를 활용할 수 있는 상황도 아니었다. 단지, 한글 문장을 잘 번역해서 그들과 대화를 하려고 했던 사회 초년생 시절이었다.

하와이 출장 이후로 페루, 과테말라, 미국, 영국 등으로 출장 국가가 증가하면서 세상에 다양한 영어가 있다는 것을 실감했다. 그때 영어를 실무적으로 자주 접하면서 미국 영어는 연음이 리스닝의 방해 요소라고 생각했고, 영국 영어는 이전에 접할 기회가 별로 없어서 발음 자체에 먼저 익숙해질 필요가 있다고 생각했다.

특히 처음 영국에 출장을 가서 영국인과 대화를 할 때 솔직히 상대방이 영어를 한다는 생각이 들지 않았다. 미국식 억양에만 익숙해져 있던 나에게 그들의 영어 말하기는 충격에 가까웠다. '몬다이', '와터'라고 하는데, 생전 처음 들어보는 그들의 악센트에 '월요일', '물'이라고는 상상도 못 했다. 그리고, 우리가 듣기에는 다른 음소로 들리는 '아', '어', '에'를 동일시하는 것도 낯설었다. 그들에게는 의사소통에 크게 문제가 되지 않는, 아주 사소한 문제였던 것이다. 단지, 외국인이던 우리의 시각에서 봤을 때, 사전의 미국식 음기호로 발음해 주지 않으니 그들의 말을 이해하기 어려웠던 것이다. 그렇게 우여곡절을 겪으면서 영국에서 2개월을 보내고 나니, 미국 영어보다 연음 또는 묵음이 덜하고 't' 사운드를 대부분 소리 내는 영국식 영어가 우리나라 사람들에게 잘 맞겠다는 생각도 하게 되었다.

이후에 대만, 태국, 필리핀, 싱가포르, 말레이시아를 자주 방문하면서 영어에 대한 거부감이 전혀 없는 동남 아시아인들의 저력을 느낄 수 있었다. 사실 한국에서만 살고 있을 때는, 필리핀이나 말레이시아라는 나라를 머리에 떠올려 보면, 우리보다는 후진국 또는 못사는 나라 정도로만 생각했었다. 그러나 현지에 가 보니, 평상시에 영어에 노출되는 환경으로 인하여 공부가 아닌 생활의 일부로 영어를 받아들이는 모습을 보면서 여러 가지 생각이 들었다. 영어를 생활 속에 사용하는 언어로 인식하고 습득하는 것은, 하나의 공부 과목으로 인지하고 학습하는 것과 비교할 때 그 출발점부터 다를 수밖에 없을 것이다. 우리나라에서는 농담 삼아서 "외국 갔다 오면 영어 하나라도 건지겠지."라는 얘기를 하는 데 비해서, 동남아에서 굳이 영어 자체를 위해서 어학연수를 갈 필요는 없었던 것이다. 또한, 그들은 해외 대학으로의 진학에 우리보다 열려 있다는 것을 알 수 있었다. 그 당시만 해도 태국이나 말레이시아에 어린아이들을 데리고 유학 오는 한국인 학부모를 어렵지 않게 볼 수 있었다. 영미권 대학 진학을 목표로 동남아의 국제학교로 넘어온 것이었다. 고등학교까지 한국에 있기보다는, 대학 입학 전이라도 다양한 국적의 친구들과 사귀고 소통하는 법을 익히도록 해 주고 싶은 부모의 마음이 아니었을까 싶다.

이후에는 일본과 중국에 자주 출장을 갈 기회가 있었는데, 우리와 제일 가까운 거리에 있는 나라이기도 하고, 스스로 한자 세대이다 보니 다른 어떤 나라보다 친근감을 느낄 수 있었다. 특히, 일본에서 약 한 달간 머물면서 그들의 생활방식과 일상생활에서의 영어 사용을 보면서 한국과 닮은 점이 많다는 것을 느낄 수 있었다.

이때의 경험을 가지고 한국 사회를 다시 들여다보니, 우리나라의 어린이들이 어떻게 처음 접하는 영어를 잘 받아들이도록 할 것인가에 대한 많은 고민이 필요하다는 생각이 들었다. 영어가 우리나라의 국가경쟁력으로 자리 잡기 위해서는, 사교육을 하지 않더라도 공교육에서 확실한 기반을 잡아줄 수 있는 실질적인 영어 교육이 이루어져야 할 것이다. 이를 위해서는 자연스럽게 영어에 노출될 수 있는 환경이 조성되도록 정부가 더 지원을 아끼지 않았으면 하는 바람이 생겼다.

개인적으로는 중학교에 입학하면서 영어를 처음 배웠는데, 그때 만났던 영어 선생님이 최소 6개월에 한 번은 뉴욕에 가시는 분이셨다. 그때만 해도 영어 철자 'k'는 'ㅋ' 소리가 나고, 'g'는 'ㄱ' 소리가 난다고 얘기하던 시기였다. 그런데, 내가 다니던 중학교의 영어 선생님은 이제 알파벳을 막 익힌 학생들이 영어 발음을 제대로 알고 말하기를 원하셨다. 한번은 우유를 영어로 말해 보라고 하셨는데 학생들이 '밀크'라고 자신 있게 스피킹을 했다. 답답해하시던 선생님이 직접 시범을 보여 주셨는데, 굳이 우리말로 표현하자면 '으~미~얼~크' 정도로 표현할 수 있을 것이다. 이때의 문화적 충격은 지금도 잊을 수 없는데, 도대체 어떻게 소리를 내는 것인지 그 당시는 이해가 되지 않았다. 그때는 나뿐만 아니라 교실의 다른 학생들도 선생님의 발음을 제대로 흉내 내지 못하니, 그날 이후로 선생님께서 대부분의 수업시간을 시청각실에서 진행하셨다. 거기서 헤드셋을 끼고, 발음원리에 관한 시청각 자료와 함께 간단한 회화를 애니메

이션 등으로 배웠다. 그렇게 중학교 1학년에 처음 만난 영어는 낯설면서
도 흥미로운 대상으로 다가왔기에, 영어에 대한 호기심을 키우는 계기가
되었다.

Global business의 소통 언어는 영어이다.

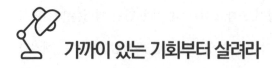

가까이 있는 기회부터 살려라

어릴 적부터 그랬지만, 눈에 띄기보다는 있는 듯 없는 듯 지내는 편이었다. 특히 사람들 앞에 나서서 무언가를 한다는 것은 체질적으로 나랑 안 맞다고 생각하며 지냈다. 직장생활을 하면서도 크게 달라질 것은 없었다. 회사에서 공지가 나면 단체 행사에 참여하는 정도이지, 평상시에는 눈에 잘 띄지 않는 편이었다.

그렇게 회사생활을 하던 중 우연치 않게 전문 강사로 프리랜서의 삶을 사는 분의 인터뷰 기사를 보게 되었다. 그 인터뷰에서 강사를 직업으로 삼아서 경쟁력을 갖추기 위해서 어떤 역량들이 요구되는지 설명을 하고 있었다. 그 중에서 눈에 띄는 대목이 있었는데 '지금 다니는 회사에서 직원들을 대상으로 강의를 해 보라.'라는 것이었다. 회사에서는 월급도 주면서 강의할 기회를 주는데, 그런 환경에서도 강의를 못 한다면 퇴사해서 강의로 밥 먹고 살 생각은 아예 하지 말아야 한다는 것이었다. 그 당시에는 망치로 머리를 한 대 맞은 기분이었다. 이런 발상의 전환을 못 하고, 회사에서 주어진 업무에 수동적으로 대응하며 하루하루를 보내고 있던 내가 우스꽝스러워 보였다. 똑같은 상황에서 누구는 기회라고 생각하는데, 나는 정반대의 입장에 있었던 것이다.

그 사건을 계기로 사내 강사가 되기로 마음을 먹었다. 물론 마음먹었다고, 일사천리로 모든 일이 진행되지는 않았다. 먼저, 지금 내가 알고 있는 것 중에서 공유하기 좋은 내용부터 잘 정리해서 직원들에게 나눠주려고 했었다. 그러면서 다른 한편으로는 PPT 작성 스킬을 올리기 위한 온라인 교육도 듣고, 서적도 구입하여 스스로를 한 단계 업그레이드시키고자 노력하였다.

첫 번째 사내 강의는 내가 제일 잘 알고 있는 기술 분야의 2시간짜리 교육으로 정했다. 이는 주니어들을 대상으로 주기적으로 진행되는 기술 교육이었기에, 쉽게 기회를 잡을 수 있는 강의였다. 예전 같았으면 기존에 제작되어 있던 교재를 활용하여 구두로 전달해도 되는 교육이었다. 하지만, 핵심 내용을 따로 정리하고 관련 사진들도 챙겨서 프레젠테이션에 삽입하였으며 또한 중간중간의 지루함을 달래기 위해서 재미있는 동영상이나 기분 전환용 뮤직비디오도 준비했었다. 교육생들은 못 느꼈을 수도 있지만, 개인적으로는 너무나 어색했던 2시간이었다. 교육 때 준비한 자료를 충분히 활용하지도 못했고, 교육생들의 관심을 더 끌거나 분위기 전환을 유도하는 것은 꿈도 꾸지 못했다.

그렇지만 그때 어설프게 시작한 2시간짜리 강의가 없었다면, 그 뒤로 이어지는 개인적인 성장도 없었을 것이다. 기술교육에서 충분한 경험을 축적하니 스스로도 자신감이 쌓여 갔고, 주변에서도 강의를 하거나 발표를 해야 하는 자리에 나를 먼저 추천해 주었다. 그렇게 회사 내에서 주도적으로 발표에 임하는 사람으로 변해가고 있었다. 고객 방문 시 발표해야 할 자료를 준비해서 발표하기도 했고, 회사의 개선사항에 대한 내용을 요약 정리하여 임원들 앞에서 발표하는 자리, 한 발 더 나아가서 국제 컨퍼런스에 강사로 참석하는 기회로 이어졌다.

또 다른 기회는 온라인에서 얻을 수 있었다.

그 당시 해외에서 발급하는 프로젝트관리전문가 자격증을 취득한 후에 관련 지식을 더 습득하고 네트워크를 만들어 가기 위해서 온라인 커뮤니티에서 막 활동을 시작했을 때이다. 그곳에 프로젝트관리 실무에 참고가 될 수 있는 서적을 집필할 인원을 모집한다는 공지가 올라왔다. 응모 자격은 프로젝트관리전문가 자격증 소지자이며, 현재 현업에 몸담고 있어야 했다. 책을 써 본 적도 없고, 아직까지 이 분야의 전문가라고 광고하기에는 낯부끄러웠지만 과감히 도전해 보기로 했었다.

첫 모임을 가지면서, 앞으로는 주말 하루는 같이 모여서 책을 만들어 나가기로 했다. 그때 공동 저자로 참여한 다른 사람들은 모두 수도권에 거주하였지만, 나 혼자만 지방에 살고 있었다. 따라서 토요일 하루는 온종일 시간을 비워서, 여기에 집중해야 했다. 집에서 나가고 들어오는 시간을 기준으로 하면 열여덟 시간 정도 소요되었다. 처음에는 각자 담당하고 있던 업무 분야에 대한 내용을 집필하는 것이라서, 3개월이면 초고가 완성될 것으로 예상하고 집필 작업을 시작했었다. 하지만, 시작한 지 얼마 되지 않아서 매주 주말 시간을 낼 수 없는 사람이 생기면서 약간의 차질을 빚었다. 또한 이미 알고 있다고 생각한 내용일지라도 이론적으로 정립된 부분을 확인하고 정확한 용어 사용을 위하여 관련 자료를 검색하게 되면서, 자료 수집과 정리에 예상보다 훨씬 많은 에너지와 시간을 투입해야 했다. 그렇게 봄에 시작된 원고 집필은 겨울이 되어서야 초안이 완성되었다. 이후 최종 원고가 나오고 출판이 되기까지 추가로 인고의 시간이 필요했다.

그때, 출판위원을 모집하는 공지를 보고도 남의 일이라 생각하고 넘어갔을 수도 있었고, 혹여 늦게 지원해서 이미 참가인원이 마감되었을 수도 있었던 상황이었다. 그러나 운 좋게도 기술 서적 발간에 참여할 기회를 얻었고, 이를 통해서 어떻게 책을 만들고 출판하는지 그 흐름을 볼 수 있었다. 또한, 내가 알고 있다고 생각하는 내용도, 글로 옮기기 위해서는 별도의 노력이 필요하다는 것도 새삼 깨달았던 시간이었다.

기회를 알아보고 잡을 줄 알아야 한다.

3장

회사에서 해 보긴 했니?

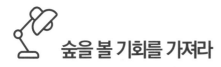

숲을 볼 기회를 가져라

우리 속담에 "가다가 아니 가면 아니 간만 못하다."라는 말이 있다. "칼을 뽑았으면 무라도 썰어야지."와 같은 의미로 일단 시작했다면 어떻게든 완주를 하고, 그렇지 못할 것 같으면 시작도 하지 말라는 얘기로 해석된다.

이번 생도 처음이지만, 회사에서 맡은 자리도, 업무도 처음인데, 어떻게 시작하면서 그 끝을 장담할 수 있겠는가? 이보다는 "시작이 반이다."라는 마음으로 업무를 대하는 것이 정신 건강에도 좋고, 시작하기에도 용이하다.

개인적으로 회사생활을 하면서 현장 근무를 시작으로 다양한 직무를 맡았었다.

기술교육 담당, 사내 강사, ISO 내부 심사원, 프로젝트 책임자, 포트폴리오 관리자, 사업기획….

이외에도 태스크포스(TF) 팀을 이끌기도 했으며, 본부 내 수석 팀장을 맡아서 조직 관리에 많은 시간을 할애한 적도 있다. 회사 상황에 따라서 다르지만, 실무를 하면서 회사의 다양한 업무를 해 볼 기회는 생각보다 많지 않다. 산업 분야나 회사의 성격에 따라서, 한 우물만 파는 것이 본인과 회사에 제일 득이 되는 경우도 있을 것이다. 다만, 여기서는 회사 내에서 다양한 개인적 경험들이 쌓여가면서 어떻게 타 부서의 업무, 또는 전반적인 회사 운영과 시스템에 대한 이해의 폭을 키우게 되었는지에 대한 이야기를 해 보고자 한다.

대부분의 경우, 본인이 수행하고 있던 업무가 아닌 인접 업무를 해 볼 기회는 회사의 필요에 의해서 시작된다. 하지만 이를 본인의 역량으로 내재하는 것은 전적으로 본인의 노력에 달려 있다. 특히 본인의 기존 업무와 연계되는 업무로 확장해 나갈 수 있다면 다시없는 기회일 수 있다. 새로 맡은 업무에 거부감 없이 적응할 수 있고, 기존의 커리어를 십분 활용할 수 있다면 스스로에게 한 단계 성장한 것을 축하해 줄 만하다. 회사에서 그런 기회가 없다면? 내가 먼저 나서서, 조직이 필요로 하지만 아직 사각 지대에 있는 업무가 무엇인지 적극적으로 알아볼 가치가 있다. 남들이 아직 보지 않는 곳에 기회가 숨어 있다.

개인적으로는 현장 업무를 익힌 후 사내 기술교육 담당을 맡게 되면서 그 변화가 시작되었다. 교육 담당이라는 자리가 사내에서 누구나 탐내는 자리는 아니다. 하지만, 이를 통해서 회사 내 전반적인 기술 현황과 각 분야의 전문가들과 협업을 하는 기회를 가질 수 있다. 교안 작업과 교육 과정 수립, 이후 교육 과정에 대한 교육생들의 피드백을 받아서 사내 강사들과 공유하고, 계속해서 각 분야의 강사들과 지속적인 협업을 해야 한다. 이를 통하여 본인의 사내 네트워크가 확대되고 각 전문 분야에 대한 이해가 증대된다. 단순히 얼굴만 알고 지내던 다른 부서의 선배들과 교류가 생기고, HR 부서의 담당자와 얘기를 나누게 되면서, 자연스럽게 HR 업무 흐름에도 눈을 뜰 수 있는 계기가 된다. 돌이켜 보면, 이 때까지의 부서 업무는 산에 들어가서 나무를 보는 상황이었다. 나무에서 한 발 떨어져 고개를 들고 산을 보고 싶은 마음만 있었는데, 사내 강사가 그 시발점으로 작용했다.

그러던 와중에 ISO 전면 개정작업을 위한 사내 태스크포스(TF)를 꾸릴 예정이라는 소식을 듣고, 적극적인 참여 의사를 관계자들에게 전달하여 구성원으로 참여하게 되었다. 사실 그때까지만 하더라도, 실무 현장 부서에서 체크리스트를 작성하는 수준의 ISO문서를 다룬 게 전부였다. 그렇지만 이번 기회를 통해서, 이전보다는 ISO 전반에 대한 이해가 높아질 것이고, 한 단계 성장할 수 있을 것이라는 기대감이 있었다. 무엇보다 사내에서 진행하는 것이니, 부담이 덜했다. 이렇게 ISO 개정작업에 참여한 것이 계기가 되어, 이후 ISO 내부심사까지 참여하게 되었다. 이러한 경험들을 통해서, 회사에 시스템이 왜 필요하고 어떻게 작동되는지에 대한 전체 그림을 이해할 수 있었다.

이 후, 회사에서 프로젝트관리시스템(PMS, Project Management System)을 도입하기로 결정하고, 각 부서별 중간층으로 분류되는 실무자들을 중심으로 태스크포스가 구성되었다. 이때까지만 해도 생소한 프로젝트관리시스템에 그다지 흥미를 느끼지는 못했다. 하지만 관련 교육에 참여하고, 전체 맥락을 파악하니 ISO와 상당히 유사하게 접근한다는 것을 파악할 수 있었다. ISO시스템이 모든 산업 분야를 망라하여 적용될 수 있도록 품질 가이드라인을 제공하는 것이었다면, 표준화된 프로젝트관리시스템은 모든 산업 분야의 프로젝트에 적용하는 것을 원칙으로 작성된 것이었다. 개인적으로 이런 부분에 상당한 매력을 느꼈다.

그때만 하더라도, 각 프로젝트는 고유의 성격을 가지고 있고, 또한 고객사별로 다양한 요구사항이 있기에 모든 프로젝트에 동일한 잣대를 갖다 댈 수 없다는 것이 사내 분위기였다. 실제로도 프로젝트 현장이 세계 곳곳에 있다 보니 나름 설득력이 있는 논리였다. 현장 책임자나 또는 프로젝트 매니저들도 이번 프로젝트는 지난 번 프로젝트와는 다른 특수성이 있다는 점을 강조하면서 예산과 자원을 더 확보하려 했었다. 프로젝트 정보도 책임자를 중심으로 소수에게만 공유되다 보니, 프로젝트가 사람에 의존하여 진행되던 시기였다. 하지만, 시스템을 도입함으로써 프로젝트의 특수성과는 무관하게, 다양한 프로젝트를 공통적으로 정의하고 관리할 수 있는 기준과 원칙을 마련하였다. 이런 기준으로 프로젝트를 계획하고 수행함으로써, 프로젝트는 보다 체계적으로 관리되었다.

프로젝트관리시스템에 대한 이해와 국제자격증 취득 후에는 국내외 현장에서 프로젝트관리 업무를 해 나갔다. 동남아 현장에 파견되어 몇 달 씩 체류하기도 하고, 국내에서도 집을 떠나 지내기 일쑤였다. 해외에서는 프로젝트관리자, 국내에서는 현장소장으로 불리는 업무를 수행하다 보면 문서, 회의, 그리고 의사소통에 상당한 시간을 할애하게 된다. 프로젝트관리 기법에 대한 이해가 부족할 때는 탁상행정 또는 시간낭비라고 생각했던 시간들도 있었다. 하지만, 관련 지식과 경험이 쌓여가면서, 프로젝트에서 문서와 커뮤니케이션의 중요성을 차츰 인지하게 되었다.

이후에도 계속해서 프로젝트관리에 관한 자료들을 찾아보고, 교육 및 네트워크 확대를 해 나가면서 해당 업무의 전문가로 성장해 가고자 했다. 그렇게 프로젝트관리에서 사용되는 용어와 기법에 익숙해질수록, 이는 회사 경영적인 측면과 맞닿아 있다는 것을 알 수 있었다. 회사의 주수익원이 프로젝트에서 나오다 보니, 연간 사업계획과 실적을 계획하고 분석하는 부서, 나아가서 기획 부서와 교류가 늘어났다. 이는 의도치 않게 사업기획팀에서 근무하는 계기가 되었으며, 회사 경영의 흐름을 조금 더 가까이서 이해하는 계기가 되었다.

숲도 보고 나무도 봐야 한다.

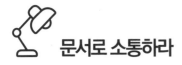

문서로 소통하라

회사에서 진행되는 대부분의 업무는 문서에서 시작해서 문서로 끝난다. 순수하게 현장 업무만으로 진행되는 일은 없다. 직장생활을 한다면, 나는 누가 진행한 업무를 이어받고, 내가 진행한 업무는 누구의 선행공정인지 고려할 수 있어야 한다. 또한 전달받은 업무를 잘하기 위해서 무엇을 준비해야 하며 어떤 사전지식을 갖추고 있어야 하는지 정확히 이해하고 있어야 한다. 내가 진행한 업무를 이어받는 사람은 어떤 부분을 중요하게 생각하는지, 또는 어떻게 마무리가 되는지도 이해해야 한다. 이 모든 것들이 문서화되어서 관리될 때, 체계적인 업무 프로세스가 만들어진다. 이는 단지 기술직 또는 현장직에만 한정되지 않고 영업 부서, 회계나 관리 부서로 그 관점을 확대해도 동일하다. 이를 점점 확대하면 회사가 존재하는 이유, 고객이 회사에게 원하는 바를 명확히 할 수 있다.

특히나 글로벌 비즈니스를 하겠다고 하면, 고객들과 계약 전부터 프로젝트 종료까지 모든 내용들을 문서로 주고받아야 한다.

개인적으로 기술 자료에 관심을 가지게 된 이유도 위와 같다. 직장에 갓 입사해서 선배들과 같이 현장 업무를 수행하면서 어깨너머로 기본기를 닦고, 선임자들을 모방하면서 업무를 수행하였다. 사실 모방에만 그치면, 당장은 편할 수 있겠지만 본인이 하고 있는 일에 그 이상의 의미나 가치를 부여하기는 힘들다. 개인적으로 주니어 시절을 벗어나서도 여전히 궁금한 점은 많았으며, 그럴수록 정리된 자료의 필요성을 절감했다. 이러한 갈증을 해결하기 위해서 기존의 기술 자료와 외부 서적들을 찾아보게 되고, 또한 교육 담당자와 자주 얘기를 하게 되었다. 나중에 기술교육 담당자가 후임을 찾을 때, 내가 먼저 선택될 수 있었던 것에는 이런 이유도 있었다고 생각된다.

기술교육 담당자가 된 이후에는 기존 교안의 업데이트를 해 보고 싶었다. 내가 하고 있는 일을 잘하고 싶고, 후배들이 일을 처음 시작할 때 시행착오를 최소화하면서 평균 이상의 결과물을 만들어 낼 수 있도록 하기 위해서는 문서로 정리가 되어 있어야 한다고 생각했다. 하지만, 개략적으로 알고 있는 내용은 문서로 표현하는 데 한계가 있었다. 특히, 기술 자료는 미사여구도 들어가지 않는 담백한 문장으로 기술한다. 그렇기에 더욱 더 핵심 내용 위주의 구성을 요구하는데, 꼭 필요한 단어와 문장으로 교안을 작성한다는 것이 막상 해 보면 그렇게 만만한 작업은 아니다.

대부분 현장 일을 잘하는 기술자들은 문서에 약하다. 아니 익숙하지 않다는 표현이 더 어울리겠다. 아는 것을 글로 옮기는 것일 뿐이라고 생각하는 기술자는 많지 않다. 그보다는 그건 내가 할 일이 아니라고 먼저 담을 쌓아 버린다. 당시에 거래하던 외국 기업의 사례를 보면, 현장의 베테랑 중 몇 명은 사무실에서 근무를 하고 있었다. 나이 60을 바라보는 산전수전 다 겪은 현장 직원들에게 회사가 요구하는 것은 사무실과 현장의 가교 역할이다. 현장 업무와 사무실의 문서작업이 마치 물과 기름처럼 섞이지 않고 따로 놀지 않도록 회사에서 장치를 한 것이다.

기술 교안 작성이 현장 직원들에게 매력이 없었던 이유가 몇 가지 있다.

먼저, 흥미를 못 느낀다. 평상시에 책상에 앉아 있기보다는 현장에 나가는 걸 좋아하는 직원들에게 어느 날 갑자기 하루 종일 책상에 앉아 있으라고 하는 것만으로도 좀이 쑤신다. 이론적인 설명도 추가해야 하고, 어떻게 교재를 구성할지도 고민해야 한다. 이에 대한 해답을 찾기 위해서 다른 서적들을 참고할 필요도 있다. 산업 자체가 특수한 분야이다 보니, 참고 도서는 해외 원서가 대부분이었다. 또한 초안 작성 후에도 여러 번의 수정을 거쳐야, 그나마 남들에게 내 놓을 만한 교재를 완성할 수 있다. 이러한 일련의 작업들이 지루하면서도 긴 시간을 요한다. 문서작업도 워드프로세스로 진행해야 하기에, 소프트웨어의 다양한 기능들이 익숙하지 않다면 모든 것이 낯설고 고난의 연속이라는 생각이 앞서게 된다. 이때 스스로 벽을 쌓아 버리면, 다음 기회는 주어지지 않는다. 대신, 부족하고 모자란 부분이 있더라도, 최선을 다해서 교안 작성을 위해 노력한 직원이 있다면, 회사에서도 그 직원의 노력을 인정하고 계속해서 기회를 부여할 가능성이 높다. 뭐든지 그렇지만, 처음이 특히 어렵다고 느끼는 법이다. 두 번, 세 번 반복하는 과정에서 내가 뭘 잘하는지, 못하는지를 알 수 있게 되고, 주변에서 어떤 부분들에 대한 도움을 받을 수 있을지 감이 잡힌다. 그렇지만, 아예 시도조차 하지 않았다면, 이러한 기회를 스스로 걷어차 버리는 경우가 될 것이다. 나이가 들수록 몸이 아니라 머리로 일을 할 수 있어야 한다.

다음으로, 즉각적인 보상부터 생각하다 보니 할 수 없는 경우이다. 내가 투자하는 시간과 노력에 비해서 돌아오는 것이 무엇일까 고민해 보면, 당장은 별 이득이 없어 보인다. 그래서 스스로 동기를 부여할 수가 없고, 왠지 남을 위해서 봉사한다는 마음까지 든다. 그렇지만, 생각을 정리하고 글을 쓰다 보면 그 누구보다 본인이 성장한다는 것을 알게 된다. 나의 고민과 노력으로 완성된 강의 자료를 처음 가지게 되었을 때, 그 뿌듯함은 평생 잊지 못할 것이다. 더 중요한 것은, 이러한 과정을 거치면서 조직 내에서 네트워크가 강화되고 나를 알아보기 시작하는 사람들이 많아진다는 것이다. 후배들도 교안을 보고 추가로 궁금한 점이 생기면 교안 작성자를 찾아가서 질문을 하곤 했다. 즉, 단기적으로는 본인에게 손해라고 생각할 수도 있지만, 장기적으로 보면 득이 훨씬 큰 작업이다.

기술교육 담당자 초기에는, 각 현장의 베테랑 기술자들과 이런 부분에 대해서 많은 얘기를 나누고, 교재를 업데이트 할 방법을 찾기 위해서 노력했었다. 그렇지만 현장 업무만 20년째 하고 있는 선임 기술자들을 설득하기란 생각보다 쉽지 않았다. 당시에는 아무런 제도적 뒷받침이 없었기에 교안을 작성한다고 따로 혜택이 있는 것도 아니었다. 하지만, 나중에는 회사에서도 제도적으로 선임 기술자들 중 일부를 선발하여 별도의 타이틀을 주면서, 미션과 함께 혜택을 제공했다. 미션으로는 교안 작성, 후임 양성 등이 주 업무였으며 혜택으로는 실적을 평가하여 금전적 보상이 이루어졌다. 이를 통하여, 기술직 직원들에게 관리자가 되지 않더라도, 자기가 맡은 일에서 미래를 생각할 수 있도록 하였다.

처음으로 교안을 작성할 때는 생각처럼 되지 않았다. 분명히 알고 있는 내용이라고 생각했는데, 글로 표현을 하려고 하니 중구난방이 되었다. 또한, 편집 작업을 해야 하는데, 소프트웨어의 기능에 대한 이해가 없어서 헤매었던 시간들도 셀 수 없이 많았다. 교재 작성은 본인의 선택보다는 회사에서 지정하여 진행하는 경우가 대부분이다. 그렇지만, 가끔씩 관련 업무의 담당자가 자발적으로 기존의 교안에 개정되어야 할 부분들을 수정해서 가져오기도 한다. 스스로 준비한 교재가 업무 지시에 의해 작성한 교재보다 완성도가 더 높은 편이었다. 또한, 이런 경우에 사내 강의를 할 가능성도 높아진다. 왜냐하면 본인이 준비되어 있다는 것을 문서로 증명했기 때문이다.

  문서로 기록해야 발전이 있다.

현장과 사무실의 가교 역할을 하라

예전에 모 대기업과 협업을 할 때, 당시 그 기업의 임원으로부터 들은 이야기이다. 그 회사에서 그동안 선진국들만 점유하고 있던 사업에 진출하기로 하고 나서, 외국의 경력자들을 채용하면서 있었던 일이다. 사업 초기 세팅 및 안정화 단계까지 고려했을 때, 외국의 경력자들과 장기 계약이 필요했기에 가능하다면 현장과 행정이 모두 가능한 인력을 찾았지만, 현실적으로 쉽지 않았다고 한다. 그래서 현장 경력만 있거나 기술행정에 특화된 인력을 따로 채용할 수밖에 없었다고 한다. 그런데, 그 중에 간혹 기술행정을 하는 인력 중에서 현장 경험이 있어서, 현장도 잘 이해하고 행정력도 갖춘 사람이 있다는 것이다. 그래서 그런 기술자는 특별

대우를 해서라도, 꼭 붙잡아 두려고 했다는 이야기를 들려주셨다.

이는 비단 해외에만 해당되는 것은 아닐 것이다. 국내에서도 현장과 기술행정을 모두 섭렵하고, 회사의 필요에 따라서 현장과 사무실을 넘나들 수 있는 능력자는 그리 많지 않다. 현장이든 사무실이든 입사 후 퇴사까지 어느 한쪽의 업무만 한다면 상관이 없을 것이다. 하지만 장기적 플랜을 가지고 현장과 사무실 업무를 모두 경험하고자 한다면, 사무실이 아닌 현장부터 시작해야 한다고 생각한다. 사무실의 행정 관련 보직을 받아서 경력을 쌓은 후 현장에 가는 것보다는, 현장에서 우선 잔뼈가 굵고 나서 이후에 행정 업무를 하는 것이 커리어에 더 바람직하다. 현장 근무 후 사무실 근무를 이어가게 되면, 사무실에서 현장의 상황을 쉽게 파악할 수 있고, 또한 사무실에서 관리자 또는 다른 부서로의 이동이 연속될 수 있기 때문이다. 예전에 모 교수님과 대화를 할 기회가 있었는데, 학계에서도 이론에만 밝은 교수보다는 현장 경험이 있는 교수를 더 인정해 주는 분위기가 있다는 얘기를 들을 수 있었다. 오해하지 말아야 할 부분은, 현장 업무가 더 힘들고 사무실 업무가 더 편하다는 얘기를 하는 것이 아니다. 그보다는 각 영역의 장단점이 확실하기 때문에 현장과 사무실을 넘나드는 것이 말처럼 쉬운 일은 아니라는 것이다. 영업직에서도 외부 활동은 누구보다 자신 있어 하고 실적도 좋은데, 사무실에만 들어오면 꼭 남의 집에 온 것처럼 시간을 보내는 사람들이 있다. 내가 그 자

직장인으로 성공한다는 것

리에 있어야 하는 이유를 스스로 찾아 낼 수 있어야 한다.

운이 좋게도, 저자는 적절한 현장 경험과 사무실 행정을 두루 경험할 수 있었다. 10년의 현장 경험 뒤에 이어진 10년의 사무직 경험은, 전체적인 상황을 빨리 이해하고 판단할 수 있게 해 주는 나만의 무기가 되었다. 이러한 경험과 배경 지식은 관리자로 성장하는 발판이 되어 주었다. 이제 와서 되돌아보니 쉽게 얘기할 수 있지만, 현장직에서 사무직으로 보직을 변경할 때에는 많은 고민과 시행착오가 있었다. 사무직으로 발령되고 나서 얼마 동안은 다시 신입사원이 된 기분이 들기도 했었다. 현장에 있을 때는 관심도 두지 않던 업무들을 처음으로 해야 했는데, 관련 지식이나 경험이 부족하다 보니 입사 3년~5년 된 후배들에게 먼저 다가가서 도움을 요청해야 하는 경우도 종종 있었다. 현장에서는 상상도 할 수 없는 상황이었지만, 당시는 목마른 사람이 우물 파는 심정으로 먼저 다가가야 했었다. 지금 생각해도 모르는 것을 물어보는 것은 부끄러운 일이 아니라고 생각한다. 그보다는 지금 모르는 것을 몇 년 뒤에도 계속 모르고 있는 것이 더 부끄러운 일이라고 생각한다.

기술행정직 업무를 진행하면서 현장 업무와 확실한 차이점을 느낄 수 있었다. 현장 업무는 지금 당장 하고 있는 일에 집중해야 한다면, 그에 반해 기술행정에서는 현재 진행 중인 프로젝트도 다루지만 그것 못지않게 미래를 계획해야 한다는 것이다. 짧게는 진행 중인 프로젝트가 마감되는 시점의 예측치, 이어지는 신규 프로젝트의 자금과 인력운용 계획, 그리고 연말 기준 실적과 내년의 전망치들. 여기에 더하여 인력 수급 및 교육 훈련 계획 등을 예측하고 준비해 나갔어야 했다. 이러한 모든 업무들이 유기적으로 움직여야 하나, 그게 말처럼 되지 않는 경우가 더 많다. 그러기에 규모가 있는 회사에서는 현장과 사무실의 가교 역할을 하는 조직을 별도로 두고 있다. 이때 사무실에 상주하는 직원이 현장 출신이라면 현장 직원들도 적극적으로 소통하려고 한다. 또한, 프로젝트에서 나오는 기초 데이터들은 가공되어서 경영과 영업에 필요한 정보로 전달되어야 한다. 이는, 회사의 사업 포트폴리오 전략을 수립할 때 또는 고객과의 협상에서 의사 결정을 할 때 기초 자료로 활용된다. 그런데, 현장에서 생성된 데이터가 여과 없이 바로 다른 부서에 전달되면, 타 부서에서는 긍정보다는 부정적 피드백이 온다. 즉, 데이터가 아닌 알아볼 수 있는 정보(Information)를 달라는 것이었다. 이를 프로젝트관리 관점에서 보면 현장에서 나오는 자료들은 데이터이고, 제삼자와 공유하기 위하여 가공된 자료는 정보인 것이다.

이러한 경험들이 축적되면 진행되는 프로젝트에 대한 예측 능력이 강화되고, 나아가서 더 넓은 시야로 회사가 운영되는 것을 바라볼 수 있게 된다. 이러한 경험을 바탕으로, 프로젝트 초기부터 적극적으로 관련 데이터를 수집하고 가공하여, 타 부서의 요구가 없더라도 공유하는 체계를 만들었다. 이때, 체계적인 데이터 수집 및 가공을 위하여 인력이나 소프트웨어 등이 필요한 경우에 회사에 적극적으로 의견을 개진하여 내부 시스템을 개선하려고 시도를 했었다. 이때, 다른 부서의 협조를 이끌어내고, 때로는 설득도 하는 과정에서, 나와 계속 함께할 동료들이 보이기 시작했다.

나중에 들은 이야기이지만, 그 당시에는 그렇게 협조적이지 않았던 타 부서의 팀장님과 본부장님 중에서, 뒤에서 나를 호의적으로 평가하는 애기를 따로 하셨다고 전해 들었다. 그때, 두 가지 감정이 교차했었다. 첫째, 노력은 배신을 하지 않는다. 여러 가지 개선 아이디어를 내고 실행해 보려고 했지만, 추진된 것보다는 포기해야 하는 것이 더 많았다. 회사의 지원을 받아야만 예산도 확보하고 부서 내에서도 당당하게 관련 업무를 진행할 수 있는데, 공식적으로 승인되지 못한 아이디어는 전혀 회사의 지원을 받을 수 없게 된다. 승인되지 못한 아이디어라고 하더라도 준비 단계에서 많은 에너지와 시간이 들어간다. 열심히 관련 자료들을 수집하여 분석하고, 탄탄한 논리적 배경과 설명 자료를 만들어서 사내 발표도 한다. 이런 노력들이 쌓이면서, 알게 모르게 나를 응원하고 지지해 주는 사람들이 조금씩 늘어갔다. 두 번째로, 논리적 접근이 전부가 아니라는 것이다. 여기에는 명분, 팀 기 살리기 등 여러 가지 변수가 있을 수 있다. 예를 들어서 지금 하려고 하는 일이 회사의 중장기 계획과 부합되는지 사전에 확인하고 나서, 단기로 진행하는 업무가 중장기 계획의 성공 가능성도 높일 수 있다는 것을 보여줄 수 있다면 채택 가능성이 높다고 할 것이다. 역으로 아무리 좋은 아이디어라고 하더라도 회사의 방침에 어긋난다면 승인을 기대하기 어렵다. 한편으로 반대를 위한 반대가 있을 수도 있다는 것을 알아야 한다. 한번은 회사에 프로젝트관리에 유용한 새로운 SW를 도입하기 위하여, 몇 달 동안 준비하여 사내 발표를 했었다. 발표 후, 임원 중 한 분께서 "얼마 전에 다른 부서에서도 요즘 추세에 맞는 영업관리 SW를 활용하자고 했으나, 막상 도입 후에는 제대로 사용되지 않고 있다. 이번 건도 달라 보이지 않으므로, 나는 반대한다"는 의견을 주셨다. 얼핏 들으면, 타당하고 설득력이 있어 보이는 의견인데, 실상은 그 부서에서 따로 추진하고자 하는 별도 아이템이 있어서, 무조건적인 반대를 하고 싶었던 상황이었다는 것을 나중에 알게 되었다. 초창기에는 이런 상황이 벌어지면 상대방을 탓하기도 하고, 나는 이미 최대한의 노력을 다했으니 더는 모르겠다는 심정이었다. 그러나 더 시간이 지나고 시야도 넓어지면서 가능하면 이해하려고 노력했다. 즉, 나는 내가 하고자 하는 일에 집중하듯이, 다른 사람도 본인의 업무에만 집중하고 싶어 한다는 것이다. 그리고, 누군가를 이해시키고 설득한다는 것은 결코 논리로만 풀 수 있는 것이 아니라는 것도 깨달았다.

위와 같이 경험들이 쌓이고, 타 부서와의 교류가 많아지면서 자연스럽게 사무실의 핵심 업무에 참여할 기회가 늘어났다. 아마 현장에 근무 중일 때, 현장과 전혀 상관없어 보이는 업무를 해 보라고 했다면 손사래를 쳤을 것이다. 하지만, 현장 경험을 기초로 사무실에서의 기술행정 경력을 쌓고 개선 작업을 여러 차례 진행해 보니, 웬만한 사무실의 업무들도 충분히 도전할 수 있는 자신감이 생겼다.

남들과 차별화할 수 있는 나만의 무기를 만들어라.

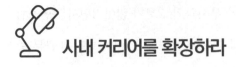

사내 커리어를 확장하라

개인적으로 직장생활을 시작한 이후로 많은 성공과 실패 사례가 있었지만, 돌아보면 성공과 실패보다는 얼마나 많은 경험과 네트워크를 가졌는가 하는 것이 훗날에는 더 중요하다는 생각을 해 본다. 실패를 하더라도 배울 게 있지만, 시도조차 해 보지 않았다면 성장이 있을 수가 없기 때문이다. 그래서 특히 회사 안에서는, 기회가 되는 대로 도전을 할 필요가 있다.

회사 밖에서는 내가 관심 있는 분야를 꼭 집어서 교육을 받거나, 그 분야의 사람들을 만나려고 할 수 있다. 즉, 하고 싶은 것만 내가 선택할 수 있다. 하지만, 직장인이라면 사외 활동에 시간과 공간의 제약이 따른다.

이에 반해서, 회사 안에서는 본인의 선택이나 행동에 제약이 따른다. 만약 회사 내에서 나의 활동 반경을 넓히고 싶다면, 공식적으로 활동할 수 있는 사내 태스크포스(TF) 활동을 적극 고려해 볼 필요가 있다.

다양한 활동에 참여하면서, 타 부서의 동료와 친해지는 계기를 만들 수 있다. 그리고, 무엇보다 하나의 주제에 대해서 다른 부서는 어떤 관점으로 접근하는지 이해하는 데 많은 도움이 된다. 개인적으로는 다양한 활동에 참여했는데, 업무 성격에 따라서 나누어 보면 아래와 같이 분류할 수 있다.

기술 관련 부서들만 참여하는 엔지니어링 업무
수주와 고객만족 향상을 위한 영업팀과의 시너지 제고
주주가치 상승 및 예측 가능 경영을 위한 협업
미래 먹거리, 혁신 과제, 비용절감 등 전사 관심사
고객사의 감사 대응, 신규 시스템 도입 등 중요도가 높은 일회성 기획

솔직히 말하자면, 활동 초창기에는 내가 참여함으로써 도움이 되는 건지, 또는 잘할 수 있는지에 대한 확신은 없었다. 그리고, 지금 참여하는 것이 향후 커리어에 어떤 영향을 줄 것인지 판단도 되지 않았다. 그럼에도 불구하고, 기존에 해 오던 일을 확장할 수 있을 것이라는 생각으로 참

여하였다. 이후에 점차 경험들이 쌓이고 타 부서와의 교류가 늘어나면서, 차기 태스크포스가 논의될 때 자연스럽게 나의 이름이 오르내리고 있었다. 다양한 부서의 사람들이 모여서 업무를 추진하는 경우에, 단순히 전문성만을 고려해서 팀을 구성한다고 할 수는 없다. 그에 못지않게 구성원들과 소통이 잘되는지, 이전에 활동한 본인의 결과물들이 어땠는지 등이 알게 모르게 영향을 미친다.

이때, 성과를 보이기 위해서는 두 가지 사전에 고려해야 할 사항이 있다.

먼저, 같은 회사에 있다고 다른 부서의 직원이 내가 하는 일을 당연히 알 것이라는 기대를 하지 않는 것이다. 즉, 영업이나 경영에서 근무하는 직원의 입장에서는 군이 기술적 업무까지 구체적으로 알고 싶어 하지 않는다. 이렇다 보니, 회의 시간에 서로 간의 이해가 부족하여 오해가 쌓이고 같은 이야기를 반복하면서 시간을 허비하기도 한다.

다음으로, 이번 결과물에 대한 최종 결정권자는 누구인지, 그리고 구성원들은 누구인지 확인이 필요하다. 이번 활동에서 얻고자 하는 바가 무엇인지 파악하는 것은 어렵지 않다. 만약 영업 임원이 의사 결정권자라고 하면, 영업에 초점이 맞추어진 결과를 원할 것이다. 그렇지 않고, 전사적으로 추진되는 과제라면 적어도 전무 그 이상의 레벨까지 관심을 둘 것이고, 이는 특정 부서의 업무 효율성 재고보다는 전사에 이익이 되는 방향으로 업무가 진행될 것이다.

임시 조직에 소속되어서 업무를 진행하게 되면, 두 가지 측면을 챙겨 봐야 한다.

먼저, 본인이 담당하던 고유 업무 이상의 노력을 들이더라도 성과를 만들어 내겠다는 마음가짐으로 임해야 한다. 회사는 기본적으로 정해진 시간 내에 목표한 결과를 만들어 내야 하는 조직이다. 그러기 위해서는 팀 내에서 일하는 것보다 더 많은 노력이 요구된다고 할 것이다. 왜냐하면 팀 내에서 진행하는 업무는 서로 잘 아는 직원들끼리 소통하면서 진행하는 경우가 대부분이다. 이에 반해서, 타 부서와의 협업을 해 나가고자 한다면 상대방에 대한 이해와 의사소통부터 신경을 써야 한다. 소통이 안 되는데, 일이 잘되는 경우는 없기 때문이다.

다음으로, 사내 네트워크를 확대할 수 있는 절호의 기회로 활용할 수 있다. 평상시에는 타 부서의 사람들과 얘기를 할 기회가 많지 않다. 아무리 같은 회사를 다녀도 별다른 계기가 없었다면, 제대로 얘기를 할 기회조차 없었을 것이다. 그렇지만 같은 그룹 내에서 활동을 하게 되면, 자연스럽게 대화를 나누게 되고 식사도 같이 할 기회가 생기는 등 가까워지는 계기를 마련할 수 있다. 특히, 내가 잘 아는 분야의 지식과 경험을 나눠 주려고 노력하다 보면, 나는 모르는 사이에 주변에서 호감을 가지는 이가 등장한다.

지금 있는 자리에서부터 네트워크를 확장하라.

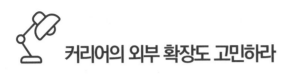

커리어의 외부 확장도 고민하라

경험에 비추어 봤을 때, 프로젝트관리시스템뿐만 아니라 회사에 새로운 시스템을 도입하는 것은 결코 만만한 일이 아니다. 기존에 없던 시스템을 사내에 도입하고 정착시키기 위해서는, 회사와 구성원 모두의 많은 관심과 노력을 요구한다. 회사에서는 회사의 특성에 맞게 맞춤형 시스템을 구현하기 위하여 골몰한다. 이와 동시에 구성원들은 구현된 시스템에 적응하고 실무에서 사용할 준비를 한다. 이 과정에서 무수히 많은 시행착오를 거쳐서 뿌리를 내리게 된다.

개인적으로 이에 동참하여 해외의 협회에서 발급하는 프로젝트관리자 격증 취득에 도전하였다. 그 당시 수험 서적이라고 할 수 있는 관련 도서들이 모두 영어 원서였고 시험도 영어로 봐야 한다는 부담감은 있었지만, 이번 기회에 개인적으로 터닝 포인트를 만들어 보고 싶다는 나름의 목표를 가지고 수험생 모드로 전환했다. 다행히도 미국의 프로젝트관리협회에서 주관하는 프로젝트관리자 자격시험에 응시하여 좋은 결과를 얻었다. 다른 자격증도 마찬가지이지만, 자격증을 취득했다는 것은 그 분야에 입문한 것이라고 할 수 있다. 따라서 자격증을 취득하면서 알게 된 이론적 지식들을 실무에 적용해 보면서 진정한 프로젝트전문가로 거듭나야 하는 것이었다.

자격증을 취득할 당시만 해도 해외의 경우에는 프로젝트관리 분야를 별도의 전문 분야로 인정해서 산업 간 이동을 하면서 프로젝트관리자(PM) 커리어를 쌓아가는 전문가가 소개되곤 했었다. 미국의 어떤 저자는 IT에서 제조업, 다시 건설업으로 이동하면서 경험했던 프로젝트관리자 경험을 책으로 출간하기도 했었다. 그에 비해서 우리나라에서는 프로젝트관리 경력만으로 서로 이질적인 산업 간 이동은 쉽지 않은 것이 현실이었다. 그보다는 자기가 속한 산업 분야에서 어느 정도 경력을 쌓은 전문가가 프로젝트관리 전문성까지 갖추기 위해서 접근하는 경우가 많았다. 즉, 국내에서는 해당 산업 분야의 실무 경험이 없다면 프로젝트 매니저가 될 확률은 극히 낮은 상황이었다. 지금은 우리나라에서도 프로젝트관리 자체의 전문성을 인정하는 사회적 분위기가 형성되면서, 학계에서도 별도 학문으로 다루고 있고, 산업계에서도 프로젝트관리 전공자를 바로 채용하는 경우가 증가하고 있다.

프로젝트관리자격증을 취득하게 되면서 생각지 못한 많은 변화가 있었다. 그 시작은 자발적이라고 하기보다는 다소 수동적이었다. 왜냐하면, 자격증을 취득한 후 이를 유지하기 위해서는, 3년마다 자격증을 갱신해야 했었다. 자격증 갱신을 위해서 프로젝트 실무 경력 증빙자료와 함께 관련 교육 이수증 제출을 해야했다. 이를 충족하기 위해서 국내에 있는 프로젝트관리협회와 교육기관들을 알아보게 되고, 기회가 되는 대로 관련 교육에 참석하였다. 이를 계기로, 자연스럽게 산업계와 학계에 재직 중인 분들을 알게 되었다. 그렇게 자격증 취득 후 수년의 시간이 흐른 시점에, 우리나라의 프로젝트관리자에게 실무적으로 도움이 될 수 있는 실용서적 한 권을 출판할 멤버들을 모집하는 공고를 우연히 보게 되어 출판위원으로 참여하게 되었다.

기존에는 전혀 알지 못하던 사람들과 모여서 책을 낸다. 비록 공동 저자이지만, 내 이름 석 자가 들어간 책이 나온다.

예전 같았으면 상상도 못 할 일이었다. 하지만 IT가 발달하고, 소통이 빛의 속도로 이루어지는 시대에서는 충분히 가능한 일이기도 했다. 그동안은 내가 관심이 없어서 모르고 있었을 뿐이었다.

주기적으로 만나서 책을 준비하게 되면서, 각 업계의 관점에서 프로젝트관리를 바라보는 시각을 이해하는 계기가 되었다. 참여 멤버 중 관공서에 근무하시는 분도 계셨고, 건설업계나 IT에 재직 중인 분도 계셔서, 다른 업계에서 바라보는 프로젝트관리를 이해하는 데 많은 도움이 되었다.

이를 계기로 보다 적극적으로 프로젝트관리 분야에 대한 전문성을 확보하고 싶다는 욕심을 가졌다. 책을 한 권 출간하고 나니, 동기가 더 부여되었다. 프로젝트관리 전문가 자격증 중 일정 관련 국제자격증을 추가로 취득하기로 목표를 정하고, 주경야독의 마음으로 자격증 시험에 임했다. 일정 관련 도서 또한 국내에 흔하지 않을 때라서, 해외에서 관련 서적을 주문하여 혼자서 준비를 해 나갔다. 운이 좋게도, 이번에도 목표했던 자격증을 취득하였다. 이후에 이를 실무에 적용하기 위하여, 사내에 스터디 그룹을 구성해서 기존의 사례들을 분석하고 개선 방안을 검토해 나가고 있었다.

그러던 와중에, 협회에서 일정 관련 국제자격증 소지자들을 대상으로 한 통의 이메일을 보내왔다. 뜻이 있는 사람끼리 모여서, 일정관리 국제자격증에 관심 있는 사람들에게 필요한 수험 도서를 제작해보자는 것이었다. 당시만 해도 국내에 관련 자격증 소지자가 그리 많지 않을 때였다. 이때, 다시 한 번 도서 제작에 참여하면서 또 다른 네트워크가 만들어졌다. 이전의 도서 제작에 참여한 멤버와는 전혀 다른 구성원들이 참여했고, 집필 진행 방식도 이전과는 다른 상황이었다. 그때 멤버 중 한 분은 업무상 출장으로 해외에 장기 체류 중이어서, 화상회의로 많은 얘기를 나눴다. 이때 화상회의 툴을 많이 사용하면서, 효율적인 화상 회의를 진행하기 위해서는 사전 자료준비가 매우 중요하고 또한 멤버들 간의 의사소통이 오프라인 미팅보다 명확해야 한다는 걸 배울 수 있었다. 지난 번 도서출판 경험을 발판삼아, 근무시간 이외에는 최대한의 개인 시간을 투입하여 전체적인 계획이 뒤처지지 않도록 작업을 진행하였다. 막바지에는 편집 등에 많은 시간이 필요하여, 따로 휴가를 내고 도서 출간 마무리에 매달렸다. 이때만 해도 관련자격증시험이 영어였기에, 교재도 한영 혼합본으로 제작했었다.

회사 안에만 있을 때는 잘 모르지만, 외부 활동을 하게 되면서 나를 나타내는 명함이 필요하다는 것을 느꼈다. 특히 외부 강의를 나갔을 때는, 강의 초반에 자기소개가 필요했다. 이때, 20년 회사 경력만 내세우니 무언가 허전함을 느꼈다. 따로 나만의 무기 하나는 준비해 두어야 경쟁력을 갖출 수 있겠다는 생각을 하게 만들었다. 특히 퇴사 후 사회활동을 계속 이어 갈 계획이라면 지금 직장을 다니면서 준비를 할 필요가 있다. 이를 위한 대표적인 활동으로 대학원을 진학하거나 책을 내기도 한다. 최근에는 온라인으로 외국 대학의 대학원 과정을 이수하는 경우도 있다.

또한 본인이 몸담고 있거나 취미로 하는 분야의 자료를 꾸준히 모아서 책을 출간하기도 한다. 이외에도, 전문가 협회나 단체에 소속되어 있음을 알리기도 하고, 주말마다 강의를 하면서서 강사 경력을 쌓아 나가기도 한다. 어떤 이는 책을 출간하고, 이를 본인의 강의 교재로 활용하면서 부수적인 수입을 올리기도 한다.

두 번의 도서출판 경험으로 돈으로는 살 수 없는 소중한 경험과 새로운 인연들을 만났다. 이제는 책을 낸다는 것에 대하여 낯설거나 두려워하지 않고, 필요하다면 언제든지 도전할 수 있겠다는 자신감도 가질 수 있게 되었다.

생각해보면, 출판되는 기술 서적은 크게 두 갈래 길이 있다고 할 수 있겠다. 한 분야의 전문가가 되어서 본인의 전문성을 배경으로 책을 출간하거나, 다른 한편으로 다양한 저자들이 본인만의 지식과 경험을 주제별로 저술하여서 하나의 책을 완성할 수 있는 것이다.

그 산업의 생태계를 알게 되면, 더 다양한 가치를 창출할 수 있다.

4장

스스로를 몰아붙인 적 있는가?

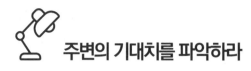

주변의 기대치를 파악하라

회사는 결국 돈을 벌어야 살아남는 조직이다. 돈을 지불해 줄 고객이 있고, 그 고객이 필요로 하는 부분을 제공해 줄 수 있어야 돈을 벌 수 있는 것이다. 이미 한물간 제품을 팔기 위해서 고객을 설득하거나, 아직 제품조차 완성되지 않은 개발 중인 제품을 팔려고 한다면 노력에 비해서 성과가 없을 수도 있다. 성과가 없다면 기업이 존속할 수 없다는 것은 너무 자명한 일이다.

비즈니스에서 노력 못지않게 결과를 중시하는 이유이다. 냉정한 비즈니스의 세계에서, 노력해도 실패할 수는 있지만 노력하지 않고 성공할 수는 없다는 것이 진리이다.

조직 내에서도 이러한 원리는 그대로 작동된다. 회사에서 가치를 만들어 내는 업무를 잘하는 사람이 있는 반면에, 열심히 하지만 결과가 안 나오는 직원이 있다. 이런 경우에, 회사에서는 성과와 가치를 만들어 내는 직원을 우선적으로 이끌어 줄 수밖에 없다. 다른 말로 해서, 똑같은 조건에서 차별화된 결과물을 만들어 낸다면, 회사에서 기대를 가지고 지켜보게 되는 것이다. 그래야 회사도 개인도 내일이 있기 때문이다.

관리자가 되었을 때, 임원이 되었을 때 능력을 최대치로 끌어내는 것이 아니라, 그 이전에 에너지를 쏟아 부어야 다음 기회를 가질 수 있는 이유이기도 하다. 관리자 또는 임원이 되어서, 그 역할을 잘 수행할 수 있는가는 또 다른 이야기이다.

예전에 어떤 연차가 있으신 부장님과 같이 장거리 이동을 하면서 얘기를 할 기회가 있었다.

나 : 부장님, 이제 팀장 하셔야죠?

부장 : 나도 하고 싶지, 그런데 아직 회사에서 기회를 주지 않네.

나 : 그러면, 이제 팀장 맡을 준비가 되었다고, 적극적으로 회사에 알려야겠습니다.

부장 : 몇 번 얘기는 했는데….

나 : 그렇다면, 직원들이 부장님을 잘 따르도록 해 보시죠? 그러면 회사에서도 알게 될 겁니다.

부장 : 팀장을 시켜주면 내가 그런 부분도 잘할 수 있지, 지금은 내가 팀장도 아니고….

이번은 부장 진급을 못 해서 실망한 말년 차장과의 대화이다.

말년 차장 : 이번에 다른 팀의 아무개가 부장이 되었던데, 내가 그 친구보다 못한 게 뭐가 있어? 입사도 내가 먼저 했는데….

나 : 요즘 그 팀에서 그 친구가 없으면 팀이 안 돌아간다네. 팀장이 워낙 신뢰하니까, 대부분의 중요한 일은 다 챙겨본다고 하루가 멀다 하고 야근을 한다던데.

말년 차장 : 나도 내 할 일은 열심히 하는데…. 내가 볼 때 이건 역차별이야. 그 팀은 성과가 숫자로 바로 보이니까 우리보다 더 인정받는 거야. 그에 비해서 우리는 열심히 해도 별로 표시도 안 나고, 우리 팀에서 열심히 하면 오히려 다른 팀에서 더 생색을 내고 있잖아.

나 : …

팀장이 되어야 할 사람이 안 되었고, 부장 진급해야 할 사람이 진급을 못 한 걸로 느껴지는가?

팀장을 기대하는 부장, 부장 진급을 기대하는 말년 차장 모두 스스로 열심히 회사생활을 했다고 당당히 얘기한다. 여기서 한 발 더 나아가서,

회사 인사정책까지 언급하며 회사에 문제가 있다고 얘기한다. 나는 준비가 다 되어 있고, 맡겨만 주면 잘할 수 있는데 왜 회사에서 기회를 안 주는지 모르겠다고 한다.

그런데, 무엇보다도 조직생활을 한다면 회사의 정책이나 방향성을 이해해야 한다.

회사마다 기준이 다르지만, 관리자로 분류하기 시작하는 직위가 있다. 어떤 회사는 과장부터 또 다른 회사는 차장부터 관리자로 분류하기도 한다. 국내 기업에서는 관리자 진급 대상자들의 경우에는 평상시 모습—실적에 평판까지 포함해서—을 반영해서 평가한다. 즉, 진급 시기가 다가와서 갑자기 달라진 모습을 보인다고 평가가 달라질 가능성은 별로 없다. 내가 팀장이 되고 싶고, 부장이 되고 싶다면 이미 그렇게 된 것처럼 생각하고 행동하라고 권하는 이유이다. 다른 한편으로, 팀장이 되고 싶다면 회사에서 원하는 팀장은 어떤 인재상인지, 내가 지금부터 만들어가야 할 부분은 무엇인지, 스스로를 객관화 하여 바라볼 필요가 있다. 이를 통해서 주어진 업무만 하는 사람이 아니라, 준비된 인재라는 것을 보여줘야 한다.

예를 들어서 고객의 마음을 누구보다 잘 읽어서 회사의 매출 증대에 기여하거나, 리더십을 발휘하여 조직 내 긍정적 에너지를 이끌어 내든지, 개선사항이나 신규 비지니스에 관련된 아이디어를 찾아내는 등 회사의 내일을 앞장서서 준비하는 모습을 보이든지 뭔가 나만의 경쟁력을 갖취야 한다.

    회사의 입장에서 생각해보면, 진급 대상자가 되는 후보자들 사이에서 고민을 한다. 왜냐하면 한 사람이 모든 것을 갖춘 슈퍼맨이 아닌 이상, 개인별 장단점이 확실하기 때문이다. 회사에서는 이렇게 진급 후보 리스트를 작성하고 다시 한 번 압축한 후에, 최종 후보를 선정하려 한다. 그렇지만 이에 대한 관심은 하나도 없고, 나에게 주어진 일만 가지고 좋은 평가를 바라고 있다면, 그것은 스스로 관리자가 아닌 실무자 마인드라고 공공연하게 알리는 모양새이다.

    진급 심사에서 좋은 결과를 만들어 내기 위해서는 무엇보다도 사전 준비가 되어 있어야 하는 항목들이 있다. 이러한 준비 과정은 생각보다 긴 시간과 노력을 투자해야 한다. 따라서 스스로 동기 부여가 되어 있을 때에만 지속적으로 행동할 수 있는 것들이 대부분이다. 예를 들어서 맡은 업무의 전문성을 키우고, 어학 실력을 쌓고, 동료들과 돈독한 네트워크를 다지는 활동 등 어느 것 하나 하루아침에 이루어지는 것이 없다. 이런 준비가 부족한 상황에서 가식적인 모습으로 누군가를 잠깐 속일 수는 있겠지만, 계속해서 모두를 속일 수는 없다.

    개인적으로는 업무 전문성, 어학, 그리고 주변 동료와의 네트워크에 많은 시간을 투자했더니 시간이 지나면서 자연스럽게 회사 내에서 소문이 났었다. 예를 들어서, 기술행정 업무를 사무실에서 수행하면서 다른 팀과의 의사소통이 중요하다고 생각이 들어서, 점심시간이나 커피타임, 또는 저녁시간에 기회가 된다면 다른 부서 직원들과 유대관계를 강화하려고 노력했었다. 낮에 미처 못 한 업무들은 저녁 늦게 또는 다음 날 이른 아침에 마무리하는 식으로 시간을 만들어 냈다. 이렇게 5년여 시간이 지나니, 다른 부서에서 소통이 필요할 때 먼저 찾는 사람이 되어 있었다.

업무 전문성 또한 열심히 노력하는 기간들이 길어지면서 자연스럽게 인정받을 수 있었다. 예를 들어서, 회사에서 해외로부터 수입한 장비의 유지보수를 위해서 메이커사와 협의해야 할 경우가 종종 있었다. 문제는 시차로 인해서, 한국의 주간에는 그들과 소통하기 어렵다는 것이다. 한국과 유럽에서 서로 주간 업무만 한다고 했을 때, 업무 진행이 2배까지 늦어질 수 있는 상황이었다. 그럴 때 일주일 정도 야간 근무를 자처해서 업무를 정리하고, 그 결과를 공유했다. 그렇게 결과물이 나오면, 누가 알아주지 않더라도 스스로 주도적으로 업무를 마무리했다는 자부심을 가졌다. 이런 업무들이 누적될수록 더 많은 기회에 노출되고, 평가도 상승하는 계기가 되었다.

일은 혼자 하는 것이 아니다.

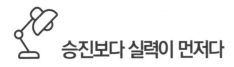

승진보다 실력이 먼저다

10년 전만 하더라도, 조직생활에서 제일 관심사는 승진이었다. 이는 연봉과 직결되기 때문이기도 하고, 회사에서 인정받았다는 이유도 있었을 것이다. 또한 임원이 되는 것이 샐러리맨의 꽃으로 불리던 시절이기도 했었다. 이러한 배경에는 나만 열심히 하면 정년퇴직까지 근무할 수 있다는 배경도 깔려 있는 것이었다.

하지만, 최근에는 워라벨과 파이어족 등으로 관심사가 옮겨가는 분위기이다. 이제는 임원이 되는 것을 꺼리고 만년 부장이 인기라는 기사를 본 적이 있다. 이는 현실을 어느 정도 반영한 시대상이라고 생각된다. 빠르게 변하는 세상 속에서 보통의 직장인들이 선택할 수 있는 선택지가 그리 많지 않은 것이 현실이다. 또한, 모든 직장인이 임원이 될 수도 없다.

개인적인 생각이지만, 임원을 꿈꾸는 샐러리맨뿐만 아니라, 퇴사 후 창업이나 프리랜서를 염두에 두고 있는 경우에도 현재의 직장생활에서 더 많은 경험을 가지기 위한 노력을 해야 한다고 본다. 왜냐하면 조직을 떠나는 순간, 내가 경험하고자 하는 모든 것들은 자본과 시간을 투자해야 하거나, 뼈아픈 실수를 통해서 배워야 하기 때문이다. 내부 승진으로 임원까지 꿈꾸는 경우에도, 다양한 경험은 본인만의 경쟁력의 원천이 될 것이다. 매사에 최선을 다하는 습관, 이것만 지금 직장에서 완성할 수 있어도 앞으로 무엇이든지 할 수 있다는 자신감을 가질 수 있을 것이다.

굳이 이런 얘기를 하는 이유는, 막상 입사해서 매일 반복되는 일상적 업무에 지쳐갈 때 나는 누구인지, 여기는 어디인지 헤매는 때가 있다. 그래서 주변을 둘러보면, 옆 동료는 잘 나가는 것 같은데, 나 자신은 왠지 초라해 보인다. 내 인생의 주인공은 나라는 자존감은 온데간데없고, 퇴사하면 할 수 있는 게 뭐가 있을지 새로운 것을 찾아보기 시작한다.

하지만, 회사에 남을지 퇴사할지 고민하는 것보다 더 중요한 것은 내가 하는 일에 최선을 다해 보는 것이다. 보수를 많이 받고, 쾌적한 환경에서 일할 수 있다면 열심히 하겠지만, 환경도 열악하고 보수도 적어서 열심히 할 동기 부여가 안 된다고 하는 것은 자기변명일 가능성이 높다.

능력이 되면 좋은 근무환경에서 높은 보수를 받는 직장으로 지금 당장 옮기면 될 것이다. 그렇지 않다면, 지금 있는 자리에서 최선을 다해 보는 것이 먼저 해야 할 일이다. 어느 순간 회사 안에서는 그 업무의 최고가 되어 있을 것이다. 정말 최선을 다해 봤다면, 그 열정으로 자신의 미래를 다시 설계해야 한다. 이전에는 미처 보이지 않던 또 다른 길이 보일 것이라고 장담한다. 현재에 기반하여 미래를 설계할 수 있다면, 그 설계도는 실현 가능성이 높아져 있을 것이기 때문이다.

유명 운동선수에게 스포츠 기자가 시합 전 인터뷰를 하는 경우가 있다.

기자 : 오늘 시합은 어떤 마음가짐으로 임하실 생각입니까?
선수 : 평상시 준비한 대로 한다면, 좋은 결과가 있을 것으로 생각합니다.

저런 인터뷰는 아무나 할 수 있는 것이 아니다. 스스로의 실력을 믿고 자신감이 있는 선수가 할 수 있는 인터뷰이다. 실력도 없는 선수가 저런 인터뷰를 한다면 비웃음을 살 수도 있지만, 실력을 갖춘 선수가 던지는 한마디는 주변에 긍정적 에너지를 불어넣는다. 그게 실력이다.

한 개인이 입사해서 회사에서 익히는 업무는, 회사 전체 업무로 보면 작은 일부분이다. 개략적으로 보더라도, HR/회계/전략/영업/마케팅/프로젝트 수행/프로젝트 지원 등 회사의 규모에 따라서 다양한 부서들이 존재하고 그에 따른 다양한 업무들이 존재한다. 최근에는 고객 대응이나 법무, ESG, IT 관련 부서들의 역할도 증대되는 추세이다. 물론 모든 업무를 이해할 수도 없고, 이해할 필요도 없다. 하지만 적어도 내가 맡은 분야와 연관된 부서의 업무는 관심을 가질 필요가 있다. 그런데, 대입 수험생들이 대학교 입학이 확정되면 모든 것을 잊고 싶어 하듯이, 대부분의 직장인들은 마치 입사 자체가 목적이었다는 듯이 입사 후에는 기업에 대한 이해를 하지 않으려는 경향이 있다. 그러는 동안에 연차는 올라가고 본인도 모르게 매너리즘에 빠져 있는 자신을 발견한다.

그러다가, 문득 이직이나 퇴사를 생각해 본다.

하지만 입사 지원을 하고, 재직 중이라는 것은 내가 회사를 선택했다는 것이다. 겉모습만 아는 회사에도 관심을 가지고 입사 지원을 했는데, 입사 후에 내부 사정을 잘 알 수 있는 기회가 주어졌는데도 불구하고, 회사를 제대로 파악해 보려 하지 않는다는 것은 한편으로는 모순이다. 회사는 어떤 조직 구조를 가지고 있으며, 현재 핵심 사업은 무엇이며 향후 미래는 어떻게 흘러갈 것으로 보이는지, 조직 구성원들은 회사 방침 및 주어진 역할과 책임에 만족감이 어느 정도인지 본인 기준에서 진단해 보는 것이다.

이와 함께 개인의 성향과 역량도 객관적으로 점검해 보는 시간을 가진다. 현재 맡고 있는 업무는 적성에 맞는지, 현재 가진 역량이 맡은 바 업무를 수행하기에 충분한지, 내가 잘하는 것은 무엇인지, 내가 앞으로 잘할 수 있다고 생각하는 것은 무엇인지, 나의 성향과 가장 어울린다고 생각되는 부서는 어디인지, 그곳에서 근무하기 위해서 지금부터 준비해 나가야 할 것은 무엇인지를 스스로 확인해 본다.

원인 분석과 해결책이 나왔다면, 최선을 다해서 회사 내에서 원하는 목표를 얻기 위해 도전을 해 볼 필요가 있다. 적어도 회사가 원하는 기준, 희망하는 부서에서 요구하는 역량은 갖춰야 한다. 이렇게 최선을 다했는데도 원하는 목표를 이룰 수 없다면, 그때 이직이나 퇴사를 준비해도 늦지 않다. 아니, 오히려 더 적기이다. 이 정도 노력이면 무엇이든 할 수 있겠다는 자신감을 스스로 만들었기 때문이다. 이런 자신감은 누가 줄 수 있는 게 아니다.

그런데 누가 보지 않더라도 열심히 노력을 했다면, 역설적으로 회사 안에서 누군가는 나의 노력을 알게 된다는 것이다. 정작 내가 그 사실을 모르고 있을 뿐이다. 그러면서 전혀 예상치 못한 기회가 눈앞에 펼쳐지는 경우가 많다.

요즘은 취업 컨설팅부터 이직, 나아가서 퇴사 컨설팅까지 예비 직장인과 직장인들을 위한 컨설팅 서비스가 차고 넘쳐나는 시대가 되었다. 불안과 걱정이 앞서고, 미래는 막연하다고 느껴질 때 누군가가 손을 잡아

준다면, 상당한 위로를 받을 수 있을 것이다. 또한, 내가 알지 못하는 나를 만나는 시간이 될 수도 있다.

그럼에도 불구하고, 저자는 스스로 고민하는 시간이 더 중요하다고 생각한다. 회사에 대하여, 스스로에 대하여 진지한 고민을 해 보고 그 속에서 해답을 찾아보려는 노력이 필요하다. 본인만큼 지금 상황을 잘 알면서, 간절하게 컨설팅해 줄 수 있는 사람은 없다. 그런 활동 중에 외부 컨설팅은 참조만 하겠다는 생각으로 접근할 필요가 있다. 만약 컨설팅이 필요하다고 생각이 든다면, 본인이 원하는 주제와 관련된 책을 적어도 10권은 읽어보고 나서 컨설팅을 받아 보라고 권하고 싶다. 자기 인생에 그 정도 투자는 해볼 만하지 않은가?

회사 내에서 실력을 쌓는다는 것은 두 가지 관점에서 생각해 볼 수 있다.

먼저, 내가 하고 있는 일에 대한 전문성을 강화하는 것이다. 이는 상대적으로 개인적인 노력이 많이 요구되는 내용이다. 입사 초기에는 선배들을 통해서, 또는 이미 작성되어 있는 매뉴얼을 숙지하면서 경력을 쌓다 보면 어느새 전문성이 쌓여 가고 있다. 하지만 경력이 어느 정도 쌓이고 나면 정체의 시간이 온다. 이때 외부 네트워크나 해외 소식, 또는 관련 도서 등을 통해서 지속적으로 자신의 부족한 부분과 최신 동향을 업데이트 해 나가야 전문가로서 입지를 굳혀 나갈 수 있다. 여기에 인접 업무로 전문성을 확장하고 싶다면, 10년이라는 시간도 결코 길지 않을 것이다.

다음으로, 회사 내에서 다음 직위에 대한 준비도 필요하다. 자기계발 전문가들이 얘기하듯이, 내가 있을 수 있는 다음 위치를 상상하고 마치 지금 그 위치에 있는 것처럼 행동하는 것이다. '내가 책임자라면? 내가 팀장이라면?'이라는 자세로 업무를 대하는 사람은, 주변에서도 이를 알아본다. 즉, 내가 가지고 있는 목표에 따라서 마음가짐이 달라지고, 이는 내가 하는 말 한마디 행동 하나에 묻어 나오는 것이다.

이를 달리 표현하면, 우선 본인의 단기 목표와 중장기 목표를 구체적으로 정해야 한다. 나중에 그 목표를 수정하는 한이 있더라도, 눈에 보이는 목표를 설정하고 그 목표를 향해서 관련 지식과 경험을 축적해 나가는 것이다. 예를 들어서, 현재 소속된 부서의 부서장이 되고 싶은 목표를 세웠다면, 이를 이루기 위한 구체적인 액션 플랜도 작성해 보아야 한다. 이때, 주의할 것은 실현 가능성을 최우선으로 고려해서 목표를 세우는 것이 아니라, 내가 아는 범위 안에서 최대한의 목표를 그려 보는 것이다. 예를 들어서, 10년 이내 임원 승진, 5년 이내 팀장 되기, 3년 이내 최고 평점 받기 등이 있을 수 있다. 또는 대학원, 자격증 취득 등을 생각해볼 수도 있다. 그리고, 반기 또는 연간 단위로 본인이 정한 목표로 향하고 있는지 돌아보는 시간을 가질 필요가 있다. 이를 통하여, 잘하고 있는 것과 그러지 못한 것, 원래 계획했던 목표와 수정해야 하는 부분들을 점검하고 업데이트해 나가는 것이다. 처음에는 목표가 너무 높거나 비현실적이라서 실적도 없고, 무엇을 수정해야 할지 감이 잡히지 않을 수도 있다. 그럼에도 불구하고 이 작업을 반복해 가다 보면, 어느 순간에 방향성이 잡히고 구체적 실천 항목들이 떠오를 것이다. 따라서 처음에는 시작한다는 것 자체에 의미를 두고, 이후에는 멈추지 않는 것이 중요하다.

그렇지만 이보다는, 유독 승진에 예민하고 관심이 많은 직원이 있다. 그들에게는 본인이 담당하는 업무보다도 더 중요한 일이다. 이들의 특징은 회사 내에 어떤 라인이 있고, 누구와 친해야 빨리 진급할 수 있는지 파악하는 것이 제일 중요한 업무이다. 막상 다른 사람들은 전혀 의도나 관심이 없는데, 누가 서로 가까워 보인다는 둥, 어떤 라인이 요즘 실세라는 둥 가십거리에 대한 얘기하기를 좋아한다. 또한, 회사에서 인사권자 또는 실세라고 생각되는 임원과 친분을 쌓게 되면 은근히 이런 부분을 자랑하고 다닌다. 하지만, 정작 스스로가 내세울 만한 부분이 없다는 것이 문제이다. 즉, 누군가에게서 얘기를 들어야, 할 말이 생기는 사내 메신저가 되어 있는 것이다. 안타깝게도, 아부나 아첨에 익숙한 직원들은 엄청 바쁜 하루를 보낸다. 그렇지만 그들에게 전문성과 자기 계발을 위한 단기 및 중장기 계획은 없는 경우가 허다하다.

준비된 자가 모두 기회를 잡는 것은 아니지만, 기회를 잡은 자는 모두 준비된 사람이다.

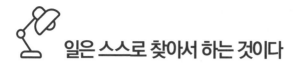

일은 스스로 찾아서 하는 것이다

일을 못하고, 일머리가 없어 보이는데 임원이 된 사람을 보면 여러 가지 생각이 든다. 어떻게 저 자리에 있을까? 낙하산이라서? 금수저라서? 임원이 되었다면 그럴 만한 이유가 있을 것이라고 생각하고 싶지만, 한편으로는 씁쓸한 기분이 들지 않을 수 없다.

직원이라면 회사에서 제시하는 일반적 기준, 성적과 인적성 등을 통과하여서 입사하였지만, 입사 이후에는 본인의 적성과 조직문화 적응 여부에 따라서 일을 잘하는 사람과 못하는 사람으로 서서히 나누어진다.

일을 못하는 사람, 또는 일머리가 없는 임직원은 누구인지, 따로 얘기하지 않더라도 조직 내에서 대부분 암묵적으로 알고 있다. 단지, 그 임직원을 공개적으로 비난하지 않을 뿐이다.

조직생활을 하다 보면, 전문성을 가진 능력이 있는 직원은 항상 바쁘다. 당사자가 바쁜 줄 알면서도, 여러 사람들이 동시에 그 직원을 찾기 때문이다. 이는 그 직원이 동료에게 보여준 평상시 모습들 때문일 것이다. 즉, 실력과 이에 비례한 인간성을 소유했다는 의미이다. 이러한 평판은 하루아침에 이루어질 수 없고, 또한 다른 부분으로 쉽게 채워질 수 있는 부분도 아니다. 일을 찾아서 하다 보니, 어느새 일이 찾아오는 경우이다. 이는 스스로가 주인의식을 가지고 회사 생활을 하는 일부 직원에게만 일어나는 일이다. 반대의 경우라면, 아무리 회사가 바쁘더라도 그 직원에게 부여되는 기회는 제한적일 것이고, 관련 소식도 공유되지 않을 가능성이 높다. 회사에서 일을 잘한다는 평판을 갖는다는 것은 어떤 의미를 가질까? 먼저 책임감부터 차이가 난다. 입사한 지 얼마 안 된 직원이라고 하더라도, 남다른 책임감으로 업무를 대하는 직원이 있다. 맡은 업무가 사소하더라도 개의치 않고, 본인이 할 수 있는 부분에서는 책임지고 그 업무를 완수하려고 하는 것이다. 또한, 진행 중인 업무가 마무리되면, 업무 지시를 마냥 기다리는 것이 아니라 또 다른 업무를 찾아 나선다. 이는 경력과는 구분되는 것으로, 마인드와 자세에 관한 것이다.

일이 몰려드는 직원은 현재 하고 있는 일에도 최선을 다하지만, 주변의 상급자가 그 직원만 찾다 보니 상급자의 일들도 수행하게 된다. 이를 통해서, 그 직원은 진급 후 맡게 될 업무들을 이미 다뤄 본 경험자가 되는 것이다. 하지만, 동기생들 중에서 이 정도의 인정을 받는 이는 그리 많지 않은 편이다.

아직 이 단계까지 나아가지 못했다고 해도 기회는 있다. 예를 들어서, 성격이 내성적이다 보니 주변에서 그 능력을 미처 알아보지 못했을 수도 있고, 사람들과 커뮤니케이션 하는 것이 부담스러워서 스스로 거리를 두었을 수도 있다. 어떤 경우이든, 수동적인 회사 생활을 했다면 본인 업무에만 집중하고 있을 가능성이 높다. 그렇다고 하더라도, 본인의 자리에서 할 수 있는 업무는 최선을 다했다면, 매사에 맡은 바 업무는 책임지고 마무리 짓는 사람이라는 평판은 얻었을 것이다. 이런 경우라면, 지금이라도 회사에서 인정받는 일 잘하는 사람들을 지켜보고 내가 목표하는 바와 정렬을 해 볼 필요가 있다. 우선적으로 회사에서 존재감을 나타내기 위해서는 누가 시켜서 하는 일과 함께, 스스로 찾아서 하는 일이 있어야 한다. 이미 본인이 잘하고 있는 일에서 가산점을 받는 것보다는 추가적으로 어떤 일을 해서 가산점을 받는 것이 더 눈에 띈다. 예를 들어서, 현재 맡은 바 업무와 함께 주변의 연관 업무를 해 볼 수도 있으며, 또는 현재 상급자가 진행하는 업무에 관심을 가지고 참여할 수 있는 기회를 가질 수도 있을 것이다.

또한, 일을 찾아서 한다는 것은 여러 가지 의미를 내포하지만, 그 중에서도 그 일에 대한 본인의 생각이 있다는 것을 의미한다.

　스스로 이 일을 해야 하는 이유, 목적, 방법 등 전체 줄거리를 그려 보아야 한다. 이를 통하여 놓치는 부분은 없는지, 미처 생각해 보지 않은 부분이 있는지 점검해 볼 수 있다. 이는 일을 체계적으로 추진하기 위해서도 필요하고, 이해관계자와의 커뮤니케이션에도 꼭 필요한 부분이다. 왜냐하면, 누군가와 커뮤니케이션을 하기 위해서는, 그 내용에 대한 이해와 정리가 우선되어야 하기 때문이다. 특히 발표를 해야 하는 경우라면, 더욱 강조되는 부분이다. 필요하다면, 책이나 주변의 도움을 받아서라도 꼭 습관화해 놓을 필요가 있다. 이러한 습관을 가지게 되면 그 업무의 배경과 추진 방안, 나아가서 기대효과까지 머릿속에 그리고 나서 업무를 추진하게 된다. 처음에는 이런 사전 작업들이 번거롭게 느껴지고, 의미를 부여하기도 힘들 수 있지만, 시간이 지날수록 빛을 발하는 시기가 올 것이다.

　다음으로 동료들의 눈높이에서 생각할 줄 알아야 한다.
　현실적으로는 다양한 부서들과 미팅을 하고, 마감시간에 쫓겨서 업무를 진행하다 보면 기계적으로 업무를 처리할 때가 있다. 또한 평상시 다른 부서와 좋은 관계를 유지하고 싶어서 교류하는 시간을 계속 가지다 보면, 이로 인해 정작 개인적으로 챙겨봐야 할 일들을 놓칠 수도 있다.

이런 경우에는 잠자리에 들기 전 10분만이라도 오늘 한 일과 내일 할 일을 생각해 보면서 하루를 마무리하는 것이 도움이 된다. 이때 이미 완성되었거나 진행 중인 작업의 결과물만 생각하는 것이 아니라, 그 결과물에 관심이 많고 실제 이해관계가 걸려 있는 부서 또는 이해 당사자가 누구인지 고려해 볼 필요가 있다. 왜냐하면, 똑같은 결과물이라고 하더라도, 그 결과물을 받아들이는 부서가 현장 부서인지, 영업 또는 기획 부서인지에 따라서 기대치와 보는 관점이 다르기 때문이다. 직장 내 동료들의 눈높이에 맞춰서 업무를 추진한다는 것은, 함께 근무하는 동료를 내부 고객으로 보는 시각이 요구되는 부분이기도 하다. 고객이라는 관점에서 바라보면, 다양한 요구사항과 불만을 던지는 다양한 직원들과 어떻게 소통해야 하는지 나름의 기준을 가질 수 있다. 이런 관점을 내재하여 업무를 진행하다 보면, 동료이니까 소홀히 생각했던 부분을 한 번 더 생각해보게 된다. 개인적으로 내부 고객을 만족시키지 못한다면, 외부 고객도 만족시킬 수 없다는 마음가짐으로 동료들을 이해하려고 했더니, 보다 업무에 집중할 수 있었다.

끝으로, 다른 무엇보다 겸손하고 솔직한 태도가 중요하다. 내부 직원, 또는 외부 고객을 상대할 때 단지 그 순간만을 모면하기 위하여 거짓된 언행을 일삼는다면, 언젠가는 상대방이 다시 찾지 않는 사람이 되어 있을 것이다. 설령 그 분야의 최고 전문가로 성장한다고 하더라도 주변에 사람이 모이지 않을 것이다.

스스로 일의 주인이라고 생각하라.

눈앞의 결과보다 사람이 먼저다

졸업 후 사회에 나와서 직장생활을 시작하던 시기에 집안 어른들을 뵐 때면 하시던 말씀이 있었다. "항상 너가 조금 손해 본다고 생각하고 사회생활을 한다면 다 잘될 것이다."라는 것이었다. 그때는 어려서 다 알아듣지는 못했고, 주변을 돌아볼 마음의 여유도 없었다.

누구든 손해 보고 살고 싶지는 않을 것이다. 조직생활을 하면서, 손해라고 하면 개인적인 지출을 해야 하는 상황 또는 과다한 업무량이 주어졌을 때 주로 느끼게 된다. 그리고 이 개념은 비교 대상이 있는 상대적 개념이다.

예를 들어서, 입사 동기 간에 월급에 차이가 있다면, 적게 받는 사람은 기분이 좋을 리 없다. 경력이 쌓이고, 월급 자체가 많아져도 마찬가지이다. 나보다 잘난 것이 없다고 생각되는 직원보다 조금 더 월급을 적게받는다는 것을 알게 되면, 의욕이 떨어지는 게 사람의 심리이다. 그렇다고 입사 동기를 대 놓고 미워하게 되면, 서로 사이만 나빠지지 상황은 달라지는 게 없다. 이런 부분은 장기적인 안목에서 접근하는 것이 정신 건강에도 도움이 된다. 지금 당장은 입사 동기가 조금 앞서 나가거나 다른혜택을 받는 부분들이 있을 수 있지만, 이 상황이 계속되도록 내버려 두지 않겠다고 스스로 각오를 다져 보는 것이다. 구체적으로, 다음 번 진급은 내가 먼저 할 것이라고 결심하든지, 목표 이상의 결과를 만들어서 성과급을 더 많이 받겠다는 각오를 다질 수도 있다. 이렇게 함으로써, 내가돈을 따라 가는 것이 아니라, 돈이 나를 따라오도록 만드는 것에 더 집중할 수 있다. 왜냐하면, 돈은 내가 쫓아간다고 쉽게 잡히지 않기 때문이다.

한편으로 출장을 외진 곳으로 가게 되었는데, 그곳에서는 카드도 안되고 현금으로만 계산을 해야 하는 바람에 비용 증빙이 안 되어, 회사에서 정산을 못 받았다면 속이 상한다. 이럴 바엔 출장을 안 가는 게 차라리 낫겠다는 생각까지 든다. 하지만 아무 것도 하지 않는 것은 나를 부정적으로 보는 사람들이 바라는 모습이지, 내가 갖춰야 할 바람직한 습관은 아니다. 모든 일에는 항상 긍정적인 부분과 부정적인 부분이 함께 있다는 것을 인지하고, 긍정적인 부분에서 더 많은 결과를 만들어 내기 위해서 노력해야 한다. 공적인 업무로 출장을 가서 비용을 사용했다면, 회사 기준에 맞게 정산을 받기 위한 노력을 해야 한다. 이때 주의해야 하는 것은, 회계나 재무 부서의 담당자와 불필요한 다툼은 하지 말아야 한다는 것이다. 그보다는, 논리적인 상황 설명으로 상대방을 어떻게 설득시킬 수 있는지가 중요한 것이다. 사규와 타사 사례를 조사해 보고, 내규에 허점이나 오류가 있는지 들여다보고, 스스로 제시 가능한 대안은 어떤 것들이 있는지도 검토해 보는 것이다. 내가 뭔가를 제안한다고 회사에서 들어줄 리 없다면서 노력을 안 하는 것과, 당장 회사에서 받아들이지 않는다 하더라도 아이디어를 내고 협의를 하는 등 개인적으로 노력을 한 후에 그 결과를 수용하는 것은 다른 이야기이다.

위 예시는, 어떤 상황에 놓이게 될 때 금전적 이득만을 따질 것인가, 아니면 그 이상의 무엇을 고려해 볼 것인가에 따라서 대처법이 달라지는 것을 보여준다. 또한, 주어진 상황으로 인해서 동료들과 더 멀어지게 될 것인지, 이번을 계기로 서로에 대한 신뢰가 쌓이도록 할 것인지는 본인의 선택이다. 어떤 이슈가 있을 때 객관적인 상황과 사실에 대하여 얘기하는 것은 문제될 것이 없다. 하지만 서로의 주장만 하다가 목소리가 커지고 얼굴만 붉히다가 얘기가 끝났다면, 향후 업무에도 부정적 영향만 줄 것이다.

이에 관한 대안적 생각과 행동을 확장하고 싶다면 협상에 관한 강의나 책들을 섭렵해 볼 것을 권한다. 배우고 익힌 부분들을 실제 회사 생활에 응용할 수 있다면, 나도 어느새 협상에 관한 준전문가가 될 수 있는 것이다. 오해하지 말아야 할 것은 여기서 언급하는 협상은, 테이블을 마주하고 앉아서 계약 조건을 협의하는 공식적인 협상이 아니라 일상 속에서 일어나는 크고 작은 상황들 속에 숨어 있는 협상이다. 일상생활 속에서 빈번하게 일어나는 상황이다 보니, 협상이 필요하다고 의식하지 못하는 그런 상황들이 대부분이다.

협상의 고수들이 중요하게 강조하는 부분들의 공통점을 보면, 몇 가지 중요한 원칙이 있다. 이를 개인적으로 해석해서 다음 몇 가지로 압축했다.

정보
협상 상대방의 요구사항과 숨은 욕구
협상 당사자들의 마지노선
심리
감정 표현과 활용
심리 전술과 만족도
소통
경청의 기술
효과적 대화법

가장 객관적인 정보 수집과 함께 심리에 대한 이해, 그리고 의사소통으로 축약할 수 있다. 평상시에 이에 대한 관심이 없었던 직장인이라면 사실 어느 하나 쉬운 것이 아니다.

개인적으로 입사 후 초기에 이에 대한 이해가 부족하여 상심하고 자존감이 떨어졌던 적이 있다. 회사의 경쟁력도 올리고 비용 절감도 할 수 있는 아이디어에 대한 검증을 끝내고, 상사가 이해하기 쉽도록 자료를 만들어서 의사소통을 몇 차례 시도했으나 실패했었다. 당시에는 내가 어떤 설명을 빼먹었는지, 어떤 자료를 보충해야 하는지에 집중을 했었다. 한마디로 내가 확인하고 준비한 정보가 부족했는지 고민이 계속되었다. 결론적으로 그 당시에 그 일은 진행이 되지 않았다. 그때는 진심을 몰라주는 상사를 미워하기도 했었다. 하지만 나중에 알게 된 사실은 상사가 전혀 관심 없는 분야였고, 괜히 새로운 일을 벌이다가 잘 안 되었을 경우에 그 화살이 본인에게 돌아오는 것부터 걱정하고 있었던 것이었다. 객관적 정보 수집도 하면서, 초기부터 효과적으로 상사와 소통하고, 상사가 보여주는 언행에서 숨은 욕구를 읽을 수 있었다면 이야기는 다르게 전개되었을 것이다. 하지만, 당시에는 이런 부분을 전혀 고려하지 않고 사실관계만 정리하여 상사를 설득하려고 했던 사회 초년병 시절이었다.

후일담이지만, 상사의 반대에 부딪힌 이후 그 일을 잊고 지내고 있었는데, 다른 상사가 내가 제안했던 아이디어를 우연치 않게 알게 되어 그 일을 성공적으로 추진했었다.

상대방의 심리와 감정을 고려하지 않고, 이성과 논리로만 접근했을 때 실패하는 경우는 사실 수도 없이 많았다. 물론 그 당시에는 상대방 관점에서 바라볼 수 있는 눈을 갖지 못했다. 따라서 엉뚱한 방향으로 에너지와 시간을 추가로 쏟아 부었고, 결과적으로 노력에 비해서 달라지는 것은 없었다. 그러나, 이후에 협상 교육 과정에 참여하고 또한 10여 권의 전문 서적을 접하면서, 실무에서 보다 다양한 시각으로 접근할 수 있게 되었다. 일상생활 속에서의 협상이 어려운 이유 중 하나는, 계속되는 관계 속에서 각자에게 유리한 결과를 이끌어 내는 거래를 해야 한다는 것이다. 즉, 매일 보는 상대와 좋은 관계도 계속 유지하면서, 내가 원하는 바도 얻어낸다는 것이 말처럼 쉬운 것이 아니다. 특히, 내가 원하는 업무 방식과 결과를 고집하느라 동료들이 등을 돌리게 된다면, 결정적인 순간에 당신의 손을 잡아주지 않는 동료들을 발견하게 될 것이다.

현실 속에서 협상을 한다는 인상을 주지 않으면서도, 협상을 하고 결과를 만들어 내는 것은 협상뿐만 아니라 사람의 심리에 대한 이해가 우선되어야 하는 어려운 영역임에는 틀림없다.

주변 동료를 적으로 만들지 마라.

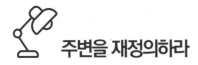

주변을 재정의하라

삼인행 필유아사언 (三人行 必有我師焉)

공자님 말씀 중에 세 사람이 같이 걸어가면 그 중에 반드시 내 스승이 있다고 한다. 즉, 멀리서 스승을 찾지 말고, 주변을 거울삼아 올바로 나아가려고 해야 한다는 것이다. 이와 반대로 대단한 영웅을 롤 모델로 삼을 수도 있겠지만, 다소 현실성이 떨어지는 약점이 있다. 또한, 구체적인 삶을 들여다보기 어려운 단점도 있다.

직장생활을 처음 시작하는 직장인이라면 필연적으로 선배를 따라 하면서 조직에 적응해 나간다. 그렇게 그 조직에 들어가서 배우게 되는 공통적인 행동들은, 하나의 회사 문화로 자리 잡은 것들이 많다. 지금은 그렇지 않겠지만, 예전만 해도 각 대기업을 정의하는 특징적인 행동들이 있었다. 예를 들어서 뱀이 나타났을 경우의 기업별 대처법이라는 유머도 인터넷상에 떠돌아다녔다.

사람은 일반적으로 행동이 생각의 지배를 받는다는 것이 상식이다. 허나, 단체에서는 행동이 생각을 지배하는 경우도 자주 발생한다. 위에 언급된 사례가 그러한 경우일 것이다. 생각 없이 주변과 어울리다 보면, 내가 왜 그런 행동을 하는 지도 모른 채 주변과 똑같은 행동을 하고 있는 자신을 발견할 것이다. 이는 일종의 군중심리가 작용했기 때문일 수도 있으며, 또는 스스로의 의지가 제한적일 수밖에 없는 주변 환경 때문일 수도 있다.

그렇다고 직장 내 동료들과 어울리지 않고, 직장생활을 할 수는 없다. 일단, 직장 내에서 내가 닮고 싶은 롤 모델을 찾아보고, 그 사람의 모든 것을 카피해 볼 필요가 있다. 그러는 와중에, 나랑 맞지 않는 부분은 버리면서, 나에게 최적화할 수 있을 것이다. 이때, 군이 롤 모델을 한 명으로 한정할 필요는 없다. 또한, 내 주변을 회사로 한정할 필요도 없다. 그러기 위해서는 나의 주변을 다시 정의하기 위해서 스스로 질문하고 대답할 수 있어야 한다. 지금 나에게 필요한 지식과 역량은 무엇이며, 이를 어디에서 탐구해 나갈 것인가 하는 물음에서 시작하여, 나의 주변을 넓혀가는 것이다. 요즘에는 책 읽기 모임도 활성화되어 있고, 분야별 전문가의 강의를 듣는 것도 예전보다는 확실히 수월해졌다. 전문 교육기관의 공개 교육에서도 전문가들을 만날 수 있고, 오프라인뿐만 아니라 온라인으로도 나의 주변을 넓혀 나갈 수 있다. 그만큼 스스로 주변을 정의하고 끊임없이 확대해 나갈 수 있는 좋은 환경이 되었다. 최근에는 오프라인 또는 온라인으로 1:1코칭 수업을 받는 방법도 있다. '크몽', '탈잉'이나 '숨고'와 같은 개인이 이용할 수 있는 서비스도 있으며, 이외에도 온라인의 다양한 플랫폼에서 강좌들이 활성화되어 있으니 관심을 가지면 생각보다 저렴한 비용으로 전문가와 연결되는 기회를 잡을 수 있다.

직장에서는 사람이 먼저 보인다면, 외부에서는 내가 바라는 정확한 목표가 우선이다. 따라서 외부로 시야를 확대하기 위해서는, 먼저 관심 있는 주제를 정해야 한다. 내가 평소에 관심 있었던 주제를 선정해야 쉽게 지치지 않고 목표한 바를 이루어 나갈 수 있다. 직장인의 경우 공통적으로 요구되는 역량으로 어학, 발표, 협상, 리더십 등이 있을 것이다. 본인이 소속된 부서의 성격에 따라서 IR, IT, 인사관리, 재무회계, 구매/발주와 같은 분야의 학습에도 도전해 볼 수 있을 것이다. 물론 건강을 위한 신체 활동도 해당될 수 있다. 이때, 그 목표를 달성해야만 하는 본인의 명확한 목적의식이 무엇보다 중요하다. 해도 그만, 안 해도 그만이라는 생각으로 시작한다면 십중팔구 중도에 포기할 것이다. 또한, 욕심이 앞서서 한꺼번에 너무 많은 계획을 세웠다면, 이는 단지 계획으로만 그칠 가능성이 높다. 목표를 달성하기 위해서는 대부분 가시밭길을 지나고 즐비한 장애물들을 뛰어넘어야 이루는 경우가 대부분이다. 조금 바쁘다고, 또는 힘들다고 쉽게 미룰 수 있는 목표라면, 그것은 애초에 꼭 내 것으로 만들고 싶었던 목표가 아닌 것이다.

이때 초심을 잃지 않기 위해 개인적으로 활용했던 두 가지 방법이 있다. 먼저, 주변에 관련 동반자를 만드는 것이다. 예를 들어서 관리자가 된 이후에 회계에 대한 기본 역량을 가지고 싶어서 온라인 교육도 들어보고 관련 도서들도 찾아보았는데 여전히 겉돌고 있다는 생각이 들었다. 이때, 회계 부서의 직원 중 코드가 맞는 직원과 함께하는 시간을 늘리면서 궁금증을 해소해 나갔다. 낯선 용어나 이해가 안 되는 부분을 알려 줄 해결사가 옆에 있으니, 꾸준히 관심을 가지면서 실무에 적용되는 회계에 대한 이해를 높일 수 있었다.

또 다른 방법으로는, 그 목표를 달성했을 때 달라져 있을 스스로의 모습을 계속해서 상상해 보는 것이다. 만약 지금의 모습과 비교해서 별로 달라질 것이 없다고 생각되면, 그 목표는 우선순위에서 제외해야 한다. 예를 들어서 팀원이었을 때 팀장이 된 스스로의 모습을 상상하곤 했다. 그때부터, 팀장님과의 대화에서 오고가는 대화 내용들은 모두 내 것으로 만들려고 했다. 팀장님이 사용하는 용어부터 시작해서, 현재 회사의 관심사항과 팀장님의 업무 추진 시 고려하는 사항까지 모두 이해하고 따라

하고자 했었다. 이렇게 함으로써, 팀장이 되었을 때 자연스럽게 관련 업무들을 할 수 있다고 자기 암시를 했었다.

나도 누군가의 롤 모델이 될 수 있다. 거창하게 생각할 필요 없이, 가장 가까운 사람끼리, 부지불식간에 서로 롤 모델이 되는 것이다. 격언 중에 "친구를 보면 그 사람을 알 수 있다"는 말이 있다. 영어 표현으로는 "A Man is known by the company he keeps"이다. 나도 모르게, 누군가는 나의 말과 행동을 보고 따라 할 수도 있는 것이다.

유럽 본사에 갔을 때, 그곳의 직원과 저녁을 같이 먹으면서 물어본 적이 있다.

나 : 이곳에서는 친구의 친구를 예고 없이 집으로 초대해서 같이 저녁을 먹기도 한다는데 정말인가?

직원 A : 물론이다. 전혀 문제가 되지 않는다. 우리 집에서 처음 만났다고 하더라도 같이 어울려서 맥주도 마시고 대화도 나눈다. 이곳에서는 자주 있는 일이다.

예를 들어서, 직원 A가 친구 B와 C를 저녁식사에 초대했다. 그런데, B와 C는 서로 모르는 사이이다. 하지만 직원 A가 B와 C를 초대할 때 이런 부분이 전혀 문제가 되지 않는다는 것이다. 그리고, 이런 기회를 통하여

B와 C는 서로 친구가 될 수 있는 것이다. 그러면서 나의 주변은 계속 확장되는 것이다.

나의 활동 반경은 내가 정한다.

직장인으로 성공한다는 것

5장

나중에 바라는 모습들

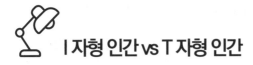

I 자형 인간 vs T 자형 인간

회사 내에서 개인적인 성장을 돌아보면, 미리 계획된 것은 아니었다. 대기업의 경우 입사에서부터 특급 인재들을 별도로 채용하고 커리어를 특별 관리하기도 한다. 하지만 평범한 대부분의 직장인들에게는 해당되지 않는 내용일 것이다. 그렇게 특별할 것이 없이 현장 발령으로 시작된 나의 직장생활은 비교적 빠르게 흘러갔다. 그때만 해도 현장에 간다는 것은, 조금 과장해서 군대에 다시 가는 기분이었다. 남들이 보기에는 대기업 간판을 달고 좋은 직장에 다니는 것이었지만, 현장이 외진 곳에 위치에 있는 경우가 많다 보니 지인들과 만남이나 각종 경조사에 참석하기 어려운 환경이었다. 특히나 해외 출장이 많다 보니, 이에 따른 장단점이 명확했다. 그렇게 주어진 환경에 익숙해지고 적응하다 보니, 5년여의 시간이 훌쩍 흘렀다. 이때까지는 입사 동기 및 현장 직원들과 단체로 출장을 다니던 시기였는데, 6년 차에 개인적으로 큰 변화가 찾아왔다. 해외에서 발급하는 프로젝트관리 국제 자격증을 취득하고, 이어서 해외 프로젝트의 부책임자로 발령이 난 것이었다. 부책임자로 현장에 배치되었다는 것은, 이전의 담당 업무와 달리 발주처와의 커뮤니케이션에 많은 노력을 기울임과 동시에 외주 업체 관리 등 프로젝트관리에 더 많은 에너지를 쏟아야 한다는 의미였다. 지금 생각해보면 그때가 입사 이후에 첫 번째 시험대에 오른 시간이었다. 물론 회사에서 기회를 준 것은 감사할 일이었지만, 그 기회를 살리느냐 그렇지 못하느냐 하는 것은 결국 개인의 역량에 달린 것이었다.

한 번도 가 보지 않았던 낯선 외국 땅과 인프라가 제대로 갖춰지지 않은 여건 속에서 업무를 진행한다는 것은 상당한 인내심을 요구했다. 해외 프로젝트 경험이 있는 사람들은 누구나 경험했을 일이지만, 선진국을 포함하여 외국 어디를 가도 우리나라만큼 열심히 일하는 사람들은 없었다. 또한, 우리와 다른 제도와 문화에도 익숙해져야 한다. 그 외중에 프로젝트 매니저가 몇 개월간 현장을 떠나 있어야 하는 상황이 발생하여, 본의 아니게 프로젝트 책임자로서 현장을 이끌고 가야 하는 중책을 맡았었다. 그 당시에 발주처의 감리회사로 미국에서 유명한 건설회사가 지정되어 있었다. 따라서 미국 굴지의 업체에서 요구하는 글로벌 스탠다드를 따라야 했으며, 한편으로 현지 로컬 규정도 준수해야 하는 상황이었다. 이렇게 여러 가지 어려운 조건 속에서 첫 번째 프로젝트관리자 경험을 하게 된 것은, 어려움이 많았던 만큼 새로운 세상에 눈을 뜨는 계기가 되었다. 이때의 경험으로 이후에 프로젝트를 바라보는 시각이 이전과는 많이 달라지게 되었다. 즉, 고객의 입장에서 또는 협력 업체의 입장에서 한 번 더 업무를 챙겨보게 되고, 어떤 부분에서 잠재적 리스크가 있는지 유심히 모니터링하게 되었다. 하지만 이때까지만 해도 현장 부서만이 내가 있을 곳이라는 생각이었다.

프로젝트관리 자격증을 취득 후 선진 프로젝트관리 기법에 대한 스터디를 계속 하면서, 실무에서는 프로젝트관리자 또는 부책임자를 계속 맡게 되니 프로젝트관리적인 역량이 지속적으로 향상될 수 있었다. 그렇게 현장의 전문가로 성장하기 위해서 노력했지만, 그때까지만 해도 사무실에서 바라보는 프로젝트관리는 그 관점이 다르다는 것을 이해하지 못하고 있었다. 하지만, 프로젝트관리자를 하게 되면서 사무실의 여러 부서와 협업이 요구된다는 것을 실감하게 되었다. 고객 클레임 또는 계약 변경 사항이 발생했을 경우에는 영업팀과 소통을 했었고, 이로 인하여 프로젝트의 매출과 영업이익이 변경될 것으로 추정되는 경우에는 회계 부서와 데이터를 주고받았어야 했다. 그 당시에 프로젝트의 실시간 모니터링이 경영진의 관심사항이라서 사무실에서 빈번하게 현장에 자료를 요구하곤 했었다. 이를 통하여 어렴풋이 프로젝트와 관련된 부서들의 주요 업무에 대해서 이해하는 계기가 되었다. 이런 경험들이 쌓이면서, 사무실로 출근하는 기회가 있으면 관련 부서들의 관심사가 무엇인지 적극적으로 소통하여 그들의 가려운 부분들을 해소시켜 주기 위한 노력들을 하였다. 이는 훗날 사무실에서 포트폴리오 관리자로 자리 잡게 하는 시발점이었다.

이후에도 현장 업무는 계속되어서, 입사 후 10여 년의 시간을 현장에서 보냈으며, 계속해서 현장에서 커리어를 이어갈 것이라고 생각하고 있었다. 이즈음 승진을 하게 되면서, 리더십과 관리자 교육을 의무적으로 이수하게 되었다. 특히 관리자 교육에 참석하면서, 이전과는 다른 세상이 있다는 것을 알게 되었다. 본인의 커리어뿐만 아니라, 후배들의 커리어도 어떻게 관리 및 육성할지에 대한 고민이 필요하다는 것을 알게 된 시간이었다. 또한, 커리어는 I 자형 또는 T 자형으로 목표를 잡을 수 있다는 것도 이때 처음 알았다. (I 자형 인재는 간단히 얘기하자면, 한 우물만 파는 스페셜리스트이다. 이에 비해서 T 자형 인재는 자신의 전문 분야를 파고든 후에 주변의 다양한 영역에서 폭넓은 소양을 가진 제너럴리스트라고 할 수 있다.)

물론 그 이전에도 부서 간 이동을 하면서 본인의 커리어를 확장하고 성장해 가는 사람은 있었지만, 이를 조직적인 관점에서 바라볼 생각은 하지 못했었다. 기존에 알고 있던 사례 중 대표적인 경우는 설계 또는 현장에서 근무하다 영업으로 부서를 이동한 경우이다. 이때, 부서 간 이동 사유가 회사의 지시로 이루어진 경우도 있고, 개인의 욕심이 반영된 경우도 있었다. 다른 부서로의 이동은 회사 입장에서 개인의 기여도가 높을 것이라는 기대를 하게 하고, 개인 입장에서는 적성에 더 맞는 일을 찾는다는 의미가 강하다. 개인적으로 그 당시에는 성격이 다른 부서로 옮기는 것을 긍정적으로 보지 않았다. 왜냐하면 한 분야에서 전문성을 갖기 위해서는 최소 10년이 걸린다는 생각이 있었기에, 약 5년 또는 그 이하의 경력으로 또 다른 보직을 맡는다면 전문성이 확보될 수 있겠는가 하는 의구심을 가질 때였다. 그러나, 이후에 이런 관점은 수정되었는데, 조직적인 관점에서는 T 자형 커리어를 추구하는 직원도 필요하다는 생각을 하게 되었다. 특히, 고객의 입장에서 기술영업이 가능한 담당자와 협의하기를 희망한다면, 어느 정도 현장 경험을 가진 직원 중 영업에 적성이 맞는 직원을 배치하여 고객의 눈높이를 맞출 수도 있는 것이다. 어쨌든 이때까지는 프로젝트에만 초점을 맞추고 현장 근무를 하는 입장에서 T 자형 커리어 구축은 남들의 이야기로만 들렸다. 곧 나에게 이러한 성장의 기회가 올 것이라고 상상도 못 하고 있었다.

12년 차가 되었을 때, 회사에서 사무실에서 전체 포트폴리오를 이끌어 갈 책임자를 물색하였는데, 그때 중요하게 고려되었던 조건이 풍부한 현장 근무 경력과 함께 부서 간 원활한 의사소통을 할 수 있는 직원이 그 대상이었다. 물론, 사무실이 주요 근무지이므로 문서작업은 필수 사항 중 하나였다. 이에 가장 적합한 최종 후보로 지명되어, 생각되지 않았던 사무실 근무를 시작하게 되었다. 이때, 스스로 현장 근무를 고집했다면 그렇게 할 수도 있었지만, 그렇게 하지 않고 사무실 근무로 변경하게 된 배경에는 몇 가지 사유가 있었다. 한마디로 요약하자면 T 자형 커리어를 만들어 가야겠다는 나름의 결심이 섰던 것이다. 그 외에도 부수적인 이유들이 있었다.

첫째, 지금 하고 있는 일을 10년, 20년 뒤에도 하고 있을 것인가?

100세 시대에 살고 있고, 정년퇴직 이후에도 경제적 활동을 해야 한다고 봤을 때 지금 하고 있는 현장 활동을 계속 하는 것은 한계가 있어 보였다.

둘째, 지금 알고 있는 것만으로 사회생활을 할 것인가?

현장, 그것도 해외 현장 위주로 10여 년을 보내고 나니 세상의 변화나 물정에 어두워졌다. 하지만, 앞으로는 사회 변화에 발맞춰 미래를 준비하고 싶었다.

셋째, 또 다른 경제적 가치를 만들어 낼 수 있는가?

퇴직 후 퇴직연금과 국민연금에만 기대어 노후를 보내고 싶지는 않았다. 이에 대비한 대책을 강구하고 싶었다.

첫 번째 이유가 가장 현실적인 이유였고, 두 번째와 세 번째는 막연하게 생각을 했던 부분이다. 위와 같은 고민은, 정년퇴직 이후에도 계속해서 경제적 활동을 하고 싶은 직장인이라면 누구나 생각해 볼 만한 내용이다. 하지만, 당시 같은 현장에서 근무했던 직원 중에 위와 같은 이유로 사무실 근무를 지원하는 직원은 없었다.

준비된 자에게 기회의 문이 열릴 것이다.

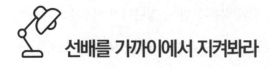

선배를 가까이에서 지켜봐라

개인적으로는 신입 시절부터 일 잘하는 선배를 곁에서 유심히 지켜보곤 했었다. 그때만 하더라도, 선배 옆에서 일거수일투족을 보는 것이 쉽지가 않았다. 이는 사무실이든 현장이든 마찬가지였다. 이때, 먼저 다가갈 수 있는 방법이 무엇일지 파악하려고 노력했었다. 선배가 냉커피를 좋아한다면 기꺼이 냉커피를 준비했고, 선배가 삼겹살에 소주 한잔을 좋아한다면 기꺼이 저녁 시간을 내었다.

여기에는 크게 두 가지 이유가 있었다.

첫째, 나중에 내가 할 일을 빨리 배우고 싶은 욕심이 있었다.

직장인으로 성공한다는 것

개인적으로는 성격이 모난 선배라고 하더라도 일을 잘하는 경우라면, 먼저 다가서려고 노력했다. 일은 잘하는 사람에게서 배워야 효율적이고 시간도 단축할 수 있다고 생각했었다. 다가간다고 해도 성격이 까다로운 선배가 쉽게 업무를 가르쳐 주지는 않지만, 일단 부딪혀 보는 것이다.

둘째, 그 선배의 인생이 곧 나의 인생이 될 것이라는 생각이었다.

당시만 해도, 집보다 회사에서 더 많은 시간을 보내고, 가족보다는 직원들과 더 많은 시간을 보내던 시기였다. 즉, 그 선배의 삶이 곧 나의 삶이 될 수 있다고 생각했다. 그래서, 업무 시간뿐만 아니라 퇴근 후에도 같이 시간을 보내면서 선배들의 인간적 모습도 보고, 어떤 자부심과 현실적 고민을 안고 살아가는지 궁금했다. 이를 미리 알 수만 있다면, 나의 미래를 설계하면서 시행착오를 줄일 수 있을 것이라 생각했었다.

재미있는 것은 이렇게 선배들에게 먼저 다가가려는 후배가 많지 않았다는 것이다. 그 당시 대다수 선배들은 '일은 절대 쉽게 배우면 안 된다. 배울 때는 확실하게 배워야 한다'라는 고정 관념이 있었는데, 그에 반해서 후배들은 다가가기 어려운 선배가 있으면 먼저 피하고, 혼이 날 만한 상황도 아예 만들지 않으려는 모습을 보이곤 했었다. 선배들 입장에서는 이런저런 이유로 후배들이 몸을 사리는 모습에 섭섭해 하고 있던 차에, 신입직원이 붙임성 있게 다가오니 마냥 싫지는 않았던 모양이다. 처음부터 다가가기 쉽지는 않았지만, 한번 친해지고 나면 그 다음부터는 선배가 먼저 찾아 주기도 한다. 그러면 옆에서 잔심부름에 가까운 일부터 챙기면서 선배들의 노하우를 어깨너머로 보고 배울 수 있는 기회가 생긴다. 이후에는 농담도 주고받으며, 궁금한 부분에 대한 질문을 조금씩 할 수 있게 되었다. 그렇지만, 선배들의 잘못된 문화를 보게 되면, 적어도 나는 선배와 똑같이 후배를 대하지 말자는 다짐을 하곤 했다. 시대가 변한 것도 있지만, 상명하복으로 이루어진 조직은 탄력성이 떨어지고 발전 가능성이 낮다고 생각했다. 그보다는 내가 알고 있는 노하우를 후배들에게 전수하면 후배들도 빨리 자리를 잡고, 나는 다른 곳을 바라볼 수 있는 여유가 생겨서 서로 원원할 수 있는 계기가 된다고 생각했다.

회사 선배를 크게 두 개의 그룹으로 나눈다면, 전문성과 경제적 측면에서 나눠볼 수 있을 것이다.

먼저, 전문성 측면에서 보면 일을 잘하는 선배와 그렇지 않은 선배가 있었다. 일을 잘하는 선배 중에서도 평판이 좋은 선배와 그렇지 않은 선배로 나뉜다. 당연히 일을 잘하면서도 호감형의 선배가 인기가 많다. 그러나 현실에서는 일은 잘하는데, 후배는 챙기지 않는 선배들이 훨씬 많다. 그런데, 그 선배가 회사에서 독보적인 기술력과 노하우를 가지고 있다면 어떻게 할 것인가? 개인적으로는 일을 배우는 것이 우선이라는 마음으로 젊은 시절을 보냈었다. 왜냐하면 10년, 20년 그 선배가 그 일을 할 수 있는 것도 아니고, 누군가는 그 일을 이어서 해야 한다. 시간이 흘러서 그 선배가 한 일을 할 수 있는 사람이 없다고, 퇴직하는 선배를 잡을 수는 없지 않는가? 또한, 선배가 싫어서 피해 다닌다고 했을 때 개인적인 성장에 도움이 되지 않는다는 것이다. 현재 할 수 있는 일을 마스터하고 다음 단계로 넘어가는 것과, 건너뛰고 다음 단계로 넘어가는 것에는 많은 차이가 있다. 사람이 싫거나 적성에 맞지 않아서 다른 부서로 옮긴다면 모르겠지만, 그렇지 않다면 그 분야에서 어떻게 나만의 존재감과 차별화를 만들어 낼 수 있을지를 장기적인 관점에서 고민해 보고, 선배들과 함께 하는 시간에 나만의 무기를 갈고 닦아야 한다.

경제적 측면에서 보면 노후가 준비된 선배가 있고, 그렇지 않은 선배가 있었다. 우리의 현실이 맡은 바 일을 열심히 한다고, 저절로 노후가 준비되는 사회는 아니다. 가장 가까이에서 이런 현실을 보여주는 사람들이 회사의 선배들이었다. 준비가 되지 않은 선배의 대부분은 언제까지 회사에 계속 다닐 것처럼, 오늘 하루만 생각하고 사는 경우가 많았다. 그렇지만 노후가 준비된 선배들은 하루하루를 끈기 있게 절제하면서 계획적으로 준비를 하는 경우가 대부분이다. 여기에도 두 가지의 길이 놓여 있다. 본인의 전문성을 키우고, 회사에서 이에 대한 보상을 받는 것에 초점을 맞추는 경우와, 여유시간에 재테크를 통해서 노후 준비를 해 나가는 경우이다. 개인적으로 두 가지를 모두 준비하기 위해서 노력해 왔는데, 두 가지를 모두 잘 준비한다는 것이 말처럼 쉽지는 않다.

선배들을 지켜보면 간접 경험의 효과가 있다. 내가 아직 가 보지 않은 길을 가고 있으므로 그 속에서 본받고 싶은 부분도 볼 수 있고, 닮고 싶지 않은 부분도 알 수 있다. 결과적으로는, 모든 경우에서 교훈을 얻을 수 있는 것이다. 그렇지만 선배와 나의 경우가 똑같을 수는 없으므로, 선배 사례를 참조하여 본인의 인생 설계는 주체적으로 할 수 있어야 한다. 어떤 후배의 경우에 한 달 정도 인턴을 한 후 퇴사한 경우도 있다. 왜 퇴사를 하는지 개인적으로 궁금해서 물어본 적이 있는데, 본인은 선배들처럼 살 자신이 없다는 것이었다. 아마도 그 직원은 선배들과 함께 근무하게 된다면, 그 선배와 똑같은 라이프 스타일을 가지게 될까 불안했던 것으로 추측된다.

여기서 한 발 더 나아간다면, 자신의 활동 반경을 외부로 넓혀서 사회에서도 많은 경험과 지식이 있는 선배들을 만날 수 있다. 이때 나이 차로 인하여 거리감을 두기보다, 그 선배만이 가진 인생의 경험이나 노하우에 관한 이야기를 들을 수 있는 기회가 있다면, 적극적으로 경청해야 한다고 생각한다. 왜냐하면, 누군가가 찾아와서 본인의 인생 노하우를 들려줄 리 만무하다. 내가 원하는 주제가 무엇인지 생각해보고, 그에 대한 경험을 가진 선배를 만날 수 있는 기회가 있다면 굳이 피할 이유가 없을 것이다. 아무리 스마트폰과 인터넷이 발달한 세상이지만, 생생한 현실 경험담을 들을 수 있는 기회는 생각보다 그리 많지 않다. 예를 들어서 재테크, 사업, 또는 운동이나 취미 활동 등 어느 하나의 목표가 잡히면, 그 주제에 맞게 연결고리 또는 네트워크가 형성되는 계기를 마련해야 한다. 이렇게 형성된 느슨한 유대관계로부터 생각지도 못했던 또 다른 기회가 창출되기도 한다.

개인적으로 나이가 들어서도 할 수 있는 운동을 취미로 가지기 위해서 아마추어 동호회에 가입을 했었다. 그곳은 주말마다 모여서 함께 운동을 하는 모임이었는데, 그곳에서 다양한 직업을 가진 사람들을 만날 수 있었다. 교수, 건물주, 부동산 소장, 주식 트레이드, 자영업자, 공무원, 체육관 관장, 학원장 등 얼핏 보기에는 연결고리가 없어 보이는 많은 사람들과 함께 운동하면서 신뢰를 쌓아 가다 보면 예상치 못한 상황에서 도움을 받게 되는 경우가 있다. 예를 들어서, 여행이나 맛집 탐방을 즐기는 사람도 있고, 재테크에 관한 정보들도 들을 수 있으며, 주식 시장이나 요즘 세상 돌아가는 얘기도 함께 나눌 수 있다. 재미있는 것은, 운동을 하는 동호회에 나가게 되면 본인의 운동 실력에 따라서 대화 상대도 어느 정도 결정된다는 것이다. 물론 시간이 지나면서 친목을 다지고 나면 달라지지만, 특히 가입한 지 얼마 되지 않은 경우일수록 이러한 경험을 하게 된다. 이는 회사 생활이라고 별반 다르지 않다. 보통은 그 직위에 있는 사람들끼리 대화를 하게 되며, 직위 차이가 많이 난다면 대화할 자리가 그리 많지 않은 것이 현실이다. 이 부분을 어떻게 극복할 것인가 하는 것은, 개인마다 다른 전략이 필요할 것이다.

실제 경험보다 가치 있는 교훈은 없다.

유유상종

비슷한 성격이나 성품을 가진 무리끼리 모이고 사귀는 모습을 보고, 유유상종이라는 표현을 한다. 조직 내에서 보면 몇 가지 기준에 따라서 모였다 해체하기를 반복한다.

입사 기준에 따른 유대감

: 이는 개인 역량이나 맡은 업무보다는 비슷한 연령대이기 때문에 가능한 경우이다. 특히 주니어 시절에 이런 그룹 활동들을 가진다. 각자 위치에서 업무의 책임감도 상대적으로 약하고, 아직 조직에 대한 공부와 이해가 필요하기에 서로 정보 교환도 하면서 유대감을 다지게 된다. 하

지만, 직위가 올라갈수록 입사 시기에 따른 구분은 큰 의미가 없어진다. 대신에, 어떤 업무를 하는지 그리고 어느 직위에 있는지가 더 중요해지게 된다.

업무에 대한 전문성과 열정

: 이때부터 업무를 대하는 태도와 전문성에 따라서 그룹이 나뉘어지기 시작한다. 일을 잘하는 사람의 입장에서는 업무가 서툰 사람과 일체감을 느끼기 어렵다. 그렇다 보니, 일을 잘하는 사람끼리 주도적으로 업무를 추진하게 되고, 일이 서툴거나 배움이 늦은 사람은 따라가는 입장이 된다. 회사 내에서, 한번 이렇게 그룹이 나누어지면 그룹 간 이동은 쉽지 않다. 특히 업무가 서툰 사람의 입장에서 일을 잘하는 사람들의 무리에 들어가기 위해서는 각고의 노력이 필요하다. 여기서 눈여겨볼 부분은, 일을 잘하는 사람일수록 더 열정을 갖고 업무를 추진한다는 것이다. 마치 학교에서 우등생이 더 공부를 열심히 하는 것과 같은 이치이다. 그러다 보니, 열정을 가지고 일을 열심히 하는 직원에게 승진과 혜택 등이 우선적으로 부여된다. 물론 지금 맡은 업무는 잘 못하지만 다른 분야에서는 실력 발휘를 할 수 있는 직원이 있을 수 있다. 하지만 일반적으로 현재 보여주는 모습이 실망스럽다면, 능력을 보여 줄 다른 기회를 잡기는 쉽지 않다.

동일한 취미 활동으로 연결

: 회사의 규모에 따라서 다르지만, 많은 회사에서 사내 동호회 활동을 지원하고 장려한다. 최근에는 골프, 와인 동호회 등도 인기를 끌고 있다고 한다. 예전 같으면 나이 든 선배들의 전유물이라고 생각했을 텐데, 이제는 관심 있는 사람이라면 누구나 직위에 관계없이 어울릴 수 있는 문화가 생겨나고 있다. 다른 사내 활동보다 동호회 활동이 가지는 강점은 평소에 어울리기 힘든 나이 차이가 많이 나는 선후배, 또는 다른 부서의 사람들과 유대관계를 만들어 나갈 수 있다는 것이다. 사실 같은 회사에 근무한다고 하더라도, 하루 종일 말 한마디 제대로 안 하고 지내는 경우도 적지 않다. 살아가면서, 누군가를 내 편으로 만든다고 하는 것은 그리 쉬운 일이 아니다. 이를 위해서는 의사소통이 잘되어야 하고, 서로의 공통 관심사가 있어야 하며, 서로 가까워지는 계기가 마련되어야 한다. 즉, 계산적인 만남을 가지려 하지는 않더라도, 다소 전략적인 접근이 필요한 부분이다. 만약 나의 평소 관심사항에 상대방이 전혀 흥미를 못 느낀다면, 또는 그 반대의 경우라면 유대관계를 이어가기 어렵다. 따라서 조금 더 강한 유대관계를 맺고 싶다면, 그러한 기회를 만들기 위해서 추가적인 노력이 필요하다.

태스크포스(TF) 활동

: 회사에서는 일시적인 특별한 목적에 의해서 태스크포스 팀을 꾸린

다. 상시적으로 필요한 업무라면 별도 팀을 만들어서 운용할 것이다. 이렇게 구성된 태스크포스에 참여한다는 것은, 평상시에 접근할 수 없었던 회사의 시스템을 이해하고 다른 부서의 구성원들과 친밀해질 수 있는 기회이다. 태스크포스 결성 목적에 맞는 성과물을 만들어 낸다면, 위에 언급된 다른 활동들보다 다른 부서에 본인을 알릴 수 있는 기회이며, 전사적 활동의 기반을 마련하게 되는 것이다. 태스크포스 활동은 업무적으로 다른 부서와 연결되는 몇 안 되는 활동이다. 이러한 활동이 기회일 수도 있지만, 역으로 개인에게 위기로 다가올 수도 있다. 이는 전적으로 본인이 보여주는 퍼포먼스에 달려 있다.

학교에서는 마음이 맞는 친구들끼리 어울렸다면, 이윤을 추구해야 하는 회사라는 조직 안에서는 업무를 중심으로 그룹이 형성될 수밖에 없다. 즉, 업무를 중심으로 네트워크를 확장해 갈 필요가 있다. 이를 통해서 혼자서는 해결하기 어렵거나, 추진할 수 없는 일들이 쉽게 진행될 때도 있다. 또한, 다른 부서의 지원이 필요한 경우에도, 평소에 인사만 겨우 하는 사이보다는 느슨한 유대관계라도 만들어 놓았을 때 협조를 구하기 용이할 것이다. 그렇지만, 도움을 받기 위해서만 관계를 맺는다면, 상대방도 이를 알아채고 장기적인 관계가 형성되지 않을 것이다. 따라서, 가능하다면 하나를 받기 전에 하나를 먼저 주겠다는 마음가짐으로 접근하려는 자세가 필요하다.

유럽 본사의 직원과 함께 업무를 추진할 때, 이런 수고와 노력은 생각보다 효과가 없었다. 달리 말하면, 회사의 이익도 중요하지만, 개인 생활도 그만큼 중요하다고 가치를 부여하는 유럽인들의 기준에서 봤을 때 회사에서 네트워크를 다지는 행위 자체에 의미를 크게 두지 않으려 했다. 그보다는, 업무적으로 필요하면 서로 연락하는 것이고, 각자의 업무 범위에 따라서 일을 처리하면 된다는 입장이 더 우세하다. 이때, 어느 한쪽이 본인의 업무 범위를 넘어서서 일 처리를 해야 한다면, 이 부분은 상위관리자에게 보고하여 향후 개선해야 할 사항으로 다루어진다. 따라서 유럽 회사에서 업무를 추진할 때 예상치 못한 업무가 발생한다면 이를 기록해서 근거로 남기고 공식적인 클레임을 요구하는 것이 문제 소지를 줄이는 현명한 방법이다.

이때 감정에 휘둘린 소모적 논쟁이 아닌 건설적인 대화가 이루어지기위해서는, 철저하게 사실과 데이터에 기반한 협의를 해야 한다. 한국적 정서에만 익숙한 경우라면, 유럽인들의 사고방식과 업무를 대하는 태도를 이해하지 못하는 상황이 가끔씩 발생한다. 예를 들어서 우리는 예상치 못한 상황이 업무 중에 발생한 경우에, 가급적 이번 일은 빨리 마무리하고 나서 시스템이나 개선책을 검토하려고 할 것이다. 문제가 있다고 손을 놓고 있을 수는 없다는 생각이 앞선다. 하지만 유럽인들은 개인적으로 융통성을 발휘하여 문제를 우선 해결하는 것에 긍정적이지 않다.

업무 중 개선할 필요성이 있는 경우가 발생하면, 이를 선임자에게 보고하고 개선을 검토해 줄 것을 요청할 수 있다. 필요하다면 업무를 중단하면서까지 개선책을 마련하기 위해서 회의를 한다. 그리고 난 후, 계속 업무를 진행할 수도 있다는 것이 그들의 입장이다.

물론 진짜 촌각을 다투는 경우에는 그들도 눈앞에 닥친 일 처리가 우선이다. 하지만, 대부분의 경우에는 하던 일을 멈추면서까지 토론을 펼친다. 그렇다고 한 번의 회의로 결론이 난다는 보장도 없다. 서로의 입장 차이가 명확하다는 것이 확인되었고 그 격차가 회의 시간에 해소되지 않는다면, 다음에 다시 모여서 회의를 이어간다. 이런 경험들이 쌓이면서, 문제의 성격에 따라서 유럽인들의 문제 해결 방식도 옵션의 하나로 가져가게 되었다.

누구와 어울릴지는 내가 하는 업무로 결정된다.

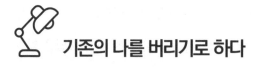

기존의 나를 버리기로 하다

지금의 나는 언제부터 이런 모습을 가지게 되었을까?

지금의 내가 진정한 나의 모습일까?

혹시 한 번도 생각해 보지 않아서 지금 상태에 머물러 있는 건 아닐까?

예를 들어서, 군대에 가면 단체 생활에 적응하면서 이전의 생활 패턴과는 전혀 다른 일상을 살게 된다. 물론 외모도 변해 있다. 이때, 군대를 가기 전의 모습과 군대를 제대한 이후의 생각과 행동이 바뀐 사람은 군대가 그 사람을 바꾸었다고 하기 보다는, 군대를 매개로 본인이 생각과 행동을 바꾸었다고 보는 것이 더 적절할 것이다. 왜냐하면, 군대를 갔다와서 예전과 똑같은 일상으로 돌아가는 사람도 부지기수이다. 본인의 의지가 아닌, 외부의 힘으로 사람을 바꾸는 것은 여간 어려운 일이 아니다.

소크라테스의 명언으로 유명한 "너 자신을 알라"에 대한 해답을 찾는 것은 그리 단순하지 않다.

나는 누구인가? 그리고 주변에서 보는 나는 어떤 사람인가?

이를 이해하기 위해서는 자기 자신을 의식적으로 관찰하고, 사색할 줄 알아야 한다. 그렇지만 사색만으로 스스로를 객관화하고 인식할 수 있는 사람은 그리 많지 않다. 그보다는 환경의 지배를 받으면서, 긴 시간 동안 만들어진 스스로의 모습을 그대로 받아들이는 사람들이 훨씬 많다.

입사 후 조직생활을 하면서 이를 다시 생각해 보게 된다.

'나는 조직생활이 안 맞아.'

'이 회사는 내가 생각했던 것과 너무 달라서, 적응을 못 하겠어.'

최근에 신입사원들의 퇴사율이 급증하여 2년 이내 퇴사 확률이 50%를 넘는다고 하는 기사를 본 적이 있다. 퇴사 사유 중 1위가 '생각했던 것과 실제 업무가 다르다'가 45.7%로 절반가량을 차지했다고 한다. 또 다른 조사에서는 '회사 내에서의 인간관계' 때문이라고 한다.

기존의 나에게 회사를 맞출 수 없다면,

절이 싫으면 중이 떠나야 한다는 결론밖에 없는 것인가?

우리 사회가 회사라는 조직 구조를 하루아침에 변경하고, 다른 시스템을 구축할 수는 없다. 특히 신입사원들은 이러한 조직과 환경을 한 번도 경험해보지 못했으니, 입사 후 너무 낯선 상황에 힘들어 하는 것이 어쩌면 당연한 것이다. 여기에다 직장 선배들은 이제 막 입사한 막내에 대한 기대치가 낮다. 그렇다 보니 신입 직원은 주요 업무에서 소외되기 일쑤이고, 어느 정도 연차가 되어야 발언권도 주어지는 구조이다. 이 구조가 서서히 변해가겠지만, 내일부터 국내 모든 회사가 신입사원에게 발언권을 주고 정서적 교감을 할 수 있도록 배려하지는 못한다. 설령 회사가 그렇게 할 수 있다고 해도, 이를 만병통치약으로 사용할 수는 없다. 왜냐하면 어느 일방의 강요와 희생으로 변화를 만들고 계속 유지하는 것은 오래갈 수 없다는 것을 역사가 증명하고 있다. 그보다는, 회사와 직원이 다같이 노력을 할 때 비로소 지속 가능한 미래를 만들어 갈 수 있을 것이다.

우리나라와 달리 외국계 회사에서는 어떻게 접근할까? 우리와 다른 환경과 문화를 가진 나라에서는 모든 게 합리적으로 돌아갈까?

현재 몸담고 있는 유럽계 회사에서는 신입사원이 들어왔을 때, 어떤 상황이 벌어질까?

유럽의 회사는 생각보다 친절하지 않다. 한국의 회사들처럼 신입직원에게 입사 후 신입교육을 시키고, 사수를 지정해서 멘토링을 하지도 않는다. 회사에 입사한 후에 팀 미팅을 하고 조직에 적응할 시간은 준다.

그러고 나서, 현재 팀 과제 중에서 하나를 맡긴다. 이제 막 입사했다고, 일의 일부만 맡기지 않는다. 즉, 신입사원이 처리하고 과장이나 차장에게 넘겨서 마무리를 짓고, 팀장에게 보고하는 프로세스는 애초부터 없다. 맡은 일은 자신의 책임 하에 시작하여 마무리를 지어야 한다. 1년 차라서 일을 안 주고, 10년 차라서 더 책임을 많이 져야 하는 경우도 없다. 업무를 이렇게 위임하니, 업무 수행을 위해서 경비나 출장이 필요한지도 스스로 판단할 줄 알아야 한다. 이렇게 업무를 수행하는 과정에 본인의 목소리를 내야 하는 경우에는 사실관계를 정리해서 의견을 제출한다. 이런 업무 방식으로 몇 년간 일 처리를 하다 보면, 어느새 자기주도적 일 처리가 몸에 밴다.

어떤가?

당장 우리나라에도 도입되어야 할 제도로 보이는가?

글로벌 사업을 하겠다고 마음을 먹으면, 본인을 어느 하나의 틀에 가두지 않는 것이 좋다. 기존에 업무를 해 왔던 방식과는 전혀 다르게 접근해야 할 경우도 있고, 한국에서는 맞는 방법이 외국에서는 타당하지 않을 수도 있다. 내가 기존에 알고 있던 것이 맞을 수도 있고, 틀릴 수도 있는 것이다. 기존의 나를 버리고, 현실에 맞는 나로 거듭나야 한다. 이전의 나를 고집하고 조직생활을 한다면, 자존감도 내려가는 경험을 하게 된다. 그리고, 이런 기회를 통하여 그동안 습관적으로 처리하던 업무 접근법을 다시 한 번 생각해 볼 수 있는 계기가 된다. 이렇게 몸으로 부딪히고 받아들이는 시간 속에서 나도 몰랐던 내 안의 숨어 있는 나를 만날 수도 있다.

생각이 바뀌면 행동이 바뀌고, 행동이 바뀌면 습관이 바뀌고, 습관이 바뀌면 인생이 바뀐다고 하지 않았던가?

외국계 기업일수록 우리와는 다른 역사와 문화, 사고방식과 행동을 하는 사람들이 너무나 많다. 나와는 너무나 다른 그들과 함께 어울리면서, 자기만의 자존감도 지켜 나가야 한다. 이것은 누가 대신해 줄 수 있는 것이 아니다.

최근에 외국으로 이민 간 한국인 엄마와 아들에 관한 영화를 관람했다. 엄마는 외국에 나와서 살고 있지만 한국인의 정체성을 계속 유지하고 살며, 아들도 자기와 같은 정체성을 가지기를 원한다. 하지만, 초등학교부터 외국에서 학교를 다닌 아들은 이미 그곳에 적응을 하고 그 나라의 시민으로 살아간다. 아들이 커 가면서 엄마와 아들 사이에는 보이지 않는 벽이 생기고, 소통에도 문제가 생긴다.

이는 비단 이민 세대에만 발생하는 문제는 아니다. 외국에서 직업을 구하는 많은 우리나라 사람들조차 문화적 차이에 따른 어려움을 겪는다. 결코 넘을 수 없는 산은 아니지만, 한편으로 정답이 있는 것도 아니다.

나는 오늘도 스스로에게 자문한다. 혹시 오늘도 어제의 나로 살고 싶은지, 아니면 내일을 꿈꾸면 오늘을 살고 있는지.

수. 파. 리

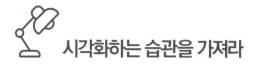

시각화하는 습관을 가져라

예전에 사회 초년생일 때, 멋진 차와 여유로워 보이는 전원주택 사진을 출력해서 벽에 붙여 놓았었다. 열심히 월급을 모아서, 꼭 이루어야 할 목표 중 하나로 설정한 것이다. 결론적으로 집도 장만하고, 차도 구입했으니 절반의 성공은 이루었다고 할 수 있겠다. 아직도 그때의 기억들은 이미지로 생생하다. 하지만, 뒤돌아보면 단순하기 그지없는 방법이었다.

원하는 모습을 시각화해 보라고 해서, 단지 한 번 상상해 보는 것은 생각보다 도움이 되지 않을 수 있다. 특히, '나는 사장이 될 것이다.' 또는 '나는 100억 부자가 될 것이다.'라고 했지만, 아무것도 달라지는 것은 없었다고 부정적 경험을 하게 되면 이후에는 시도조차 하지 않게 된다.

시각화는 어려워서 못 하는 것이 아니라, 끈기를 요구하기 때문에 힘들다는 것이 더 합리적일 것이다. 구체적으로 시각화하기 위해서는, 내가 되고 싶은 모습에 도달하기 위한 구체적인 경로를 생각해 보고, 가지고 싶은 무언가를 구체적으로 상상할 수 있어야 한다. 그래서 이미 그 자리에 있는 것처럼, 그 물건을 가진 것처럼 생각하고 행동하는 것이다. 이는 우리 뇌가 착각을 하도록 만드는 방법이기도 하다. 이때, 중요한 것은 긍정적 요소에 집중해야 한다는 것이다. 또한, 최대한 구체적인 이미지를 상상하되, 미리 그 한계를 만들 필요는 없다는 것이다. 정말 도달하고 싶은 목표를 설정하고 싶다면, 아무도 방해하지 않는 자기만의 공간으로 들어가서 최소 하루는 고민할 필요가 있다. 왜냐하면 그냥 부럽다고 생각하는 것이 아니라, 내가 정말 되고 싶은 나중의 모습을 아주 구체적으로 그려 보아야 하기 때문이다. 이런 작업을 한 번도 안 해 봤다면, 한 번은 꼭 해 볼 가치가 있다. 이를 통하여, 현재의 자신과 미래의 자신을 의식하고, 그 사이에 어떤 사다리를 놓아야 할지 스스로 방법을 찾아보아야 한다.

뇌 과학의 연구 결과를 활용할 필요도 있다. 최근에 더욱 활발히 연구되면서, 다양한 결과물들이 대중에게 공유되고 있는데, 일반인들이 참고할 만한 내용들이 많이 있다. 그 중에서 우리의 뇌는 상상과 현실을 구분하지 못한다는 것이다. 이를 건설적으로 활용하는 방법이 자신의 원하는 모습을 이미 성공한 이미지로 각인시키는 것이다. 이때, 명사형보다는 동사형으로 시각화하는 것이 더 도움이 된다고 한다.

이 부분에 대한 궁금증이 있다면, 다양한 책들과 인터넷 자료들을 찾아볼 수도 있다. 그리고, 내가 받아들이고 실천할 수 있는 방법인지 좁혀 나가면 되는 것이다. 이때, 시도해 볼 가치가 있다고 판단되면, 시간과 노력을 들여서 더 파고 들어가 본다. 필요하다면 강의도 찾아보고, 온라인 활동들이 있는 지도 알아본다. 이를 통하여 내 삶에 변화를 만들어 낼 수 있다면 해 보지 않을 이유가 없는 것이다. 이렇게 했음에도 불구하고 처음에 기대했던 결과를 얻지 못하고 실패로 돌아갈 수도 있다. 그렇지만 한 달 또는 두 달의 투자가 실패로 돌아간다고 할지라도, 절대 손해 보는 장사는 아닌 것이다. 실패로부터 배우는 것이 있고, 무엇보다 이렇게 새로운 분야에 도전하는 자체가 습관이 된다면, 이는 무엇과도 바꿀 수 없는 큰 자산을 얻은 것이기 때문이다. 덤으로 뇌의 노화 방지 효과도 있을 것이다.

비즈니스에 필요한 시각화 방법론 중에 비주얼씽킹이라는 기법이 있다. 이는 브레인스토밍을 하거나, 어떤 주제에 관해서 쉽게 전달할 목적으로 시각화하는 기법이다. 그림을 잘 그리면 좋겠지만, 그림 실력이 뛰어나지 않더라도 누구나 약간의 노력만으로 접근할 수 있는 테크닉이다. 개인적으로는 프로젝트 계획 수립과 미팅 등에서 시각화된 자료를 활용하려고 노력했었다. 시각화를 할 수만 있다면, 여러 가지 부연설명을 생략하더라도 메시지가 잘 전달될 수 있다. 『Visual Thinking으로 하는 생각 정리 기술』의 온은주 작가님 강좌에도 참여하는 등 여러 해 동안 기본기를 다지는 시간을 가졌었다.

"한 장의 사진이 백 마디 말보다 낫다"는 경우가 이런 경우일 것이다.

특히 다양한 국가 출신들과 함께 프로젝트를 진행해야 할 때, 더욱 시각화의 중요성을 느꼈다. 예전에 다국적 멤버들과 프로젝트를 함께 진행한 적이 있다. 프로젝트에 참여한 인원들의 국적은 미국, 영국, 호주, 인도, 태국, 말레이시아 등 출신들이 다양했다. 다행인 것은 영어로 소통 가능하다는 것이나, 불행히도 똑같이 모여서 미팅을 해도 다른 행동을 하는 사람이 있다는 것이었다. 그래서, 꼭 숙지해야 하는 내용들은 출력해서 언제든지 볼 수 있는 곳에 비치해 두었다. 그러나 이것으로 충분하지 않았다. 이때 공지사항을 최대한 시각 자료로 만들어서 최대한 많은 인원들이 바로 이해할 수 있도록 했고, 추가로 자세한 내용을 알고 싶은 사람은 매뉴얼을 찾아볼 수 있도록 유도했다.

시각화를 한다는 것은 비공식적인 미팅, 그리고 작업 계획서와 같은 문서작업에서도 유용하게 활용될 수 있다. 이때, 중요한 것은 그림을 잘 그리는 것보다, 핵심 콘텐츠를 이해하는 역량이 우선이다. 그래야 의미 있는 자료들을 시각화하여 공유할 수가 있다.

개인적으로는 프로젝트 또는 태스크포스에서 마인드맵 소프트웨어를 활용하여, 시각적으로 카테고리를 정리하고 이해관계자들에게 설명 자료로 활용하였다. 그렇지 않고, 워드 프로세스나 파워포인트의 틀 안에서 작성하였다면 불편한 부분들이 여러 가지가 있다. 예를 들어서 파워포인트를 활용한다면 한 페이지에 보여줄 수 있는 정보의 양에 한계가 있다 보니, 때로는 몇 페이지에 걸쳐서 자료를 작성해야 하므로 가독성이 떨어졌다. 또한, 페이지가 늘어난다는 것은 사람들의 집중도를 떨어지게 한다. 이에 반해서 마인드맵 소프트웨어들은 모든 내용을 마치 한 페이지에 표현한 것처럼 구현이 가능하므로, 이야기를 풀어 나가기가 용이하다. 또한, 계층 구조로 시각화하게 되면, 업무의 종속성이나 상호 연관성을 직관적으로 표현할 수 있다.

살펴본 바와 같이, 시각화를 실무에 활용하기 위해서는 여러 가지 역량들이 요구된다.

첫째, 내용의 핵심이 무엇인지 간파해야 한다.

이를 통해서 제일 강조되어야 할 부분을 정리할 수 있다.

둘째, 시각화하기에 적합한 툴을 선택해야 한다.

마인드맵 또는 전문 그래픽 소프트웨어 중에서 효율적 툴을 고른다.

그림에 자신이 있다면, 직접 스케치를 할 수도 있을 것이다.

셋째, 이해관계자의 관점에서 직관적으로 이해되도록 시각화한다.

자료를 만드는 목적을 잊어서는 안 된다.

내가 보기 좋은 자료를 만드는 것이 목적이 되어서는 안 된다.

그보다는 상대방의 수준과 요구사항에 맞출 수 있어야 한다.

실무자일 때 이러한 소통 기법을 익혀 두면, 업무 이외에도 다양
한 실생활에서 활용할 수 있다.

이왕이면 다홍치마

6장

고기도 먹어 본 사람이 먹는다

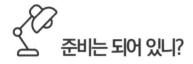

준비는 되어 있니?

입사 3년 차에 퇴사를 고민했었다. 당시 상황은 이랬다.

입사 후 2년 차에 회사가 코스닥 상장이 되었다. 당시만 해도 IT버블의 경제 호황에 힘입어 회사의 성장성은 높게 평가되었고, 주가 또한 상장 첫해부터 상승을 계속 했다. 입사 3년 차가 되었을 때, 개인적으로 보유한 우리 사주의 가치 평가액이 억대를 넘어섰다. 그러나 우리 사주는 보호예수 기간이었고, 퇴사를 해야만 주식을 처분할 수 있었다. 하지만 이직을 위한 퇴사는 하고 싶지 않았다. 그보다는 목돈을 마련하여 장사 또는 사업을 시작하고 싶었다. 꼭 하고 싶었던 분야가 있었던 것은 아니고, 학창 시절에 어머니께서 식당을 운영하시는 것을 보아 온 영향 때문인지, 자영업을 언뜻 생각했었다.

그때, 퇴사를 하지 않는 결정을 하게 된 결정적 이유는 두 가지이다.

하나는, 다시는 조직생활을 하지 않는다면, 이곳에서 조직생활에 대해서 최대한 많은 것을 직접 겪어보고 퇴사하겠다는 것이었다. 이런 결정을 내린 후, 입사 동기보다 더 열심히 일을 배우고자 노력했다. 결과적으로 퇴사는 미뤄지고, 열심히 일한 노력이 인정되어 승진은 빨라졌다. 과장 진급은 동기 중 제일 먼저였고, 차장 진급은 입사 선배들보다 앞서 나갔다.

다음으로, 막상 내가 나가서 무엇을 할 수 있는가를 현실적으로 고민해 보니, 아무런 준비가 되어 있지 않다는 것이었다. 장사 또는 조그만 사업을 시작하기 위해서, 어떤 것부터 준비해야 하는지 경험도 없었고, 어디에 물어봐야 하는지조차 감이 오지 않았다. 지금 생각해 보면, 적어도 컨설팅 기관 및 정부 관련 기관 정도는 파악을 하고 있었어야 했다. 또한, 관련 도서도 최소 10권은 읽었어야 했다.

당시에 퇴사를 했다면 둘 중에 하나였을 것이다. 퇴직금과 주식 매매 대금으로 마련한 목돈으로 장사나 사업에 뛰어들어 큰돈을 벌었거나, 또는 그와는 반대로 경험이 없었던 분야의 경쟁에 뛰어 들어서 모아둔 돈을 모두 까먹고 절망에 빠졌을 것이다.

실제 퇴사까지 실행하지는 않았지만, 이때 얻은 교훈 중 하나가 지금 당장 열심히 하는 것도 중요하지만 나중에 내가 무엇을 할 수 있을지를 미리 고민하는 것도 필요하다는 것이었다. 준비된 자에게 기회가 오는 것이니까.

그 당시에는 미처 몰랐지만, 당시는 인터넷 관련주라고 하면 주가가 하루가 멀다 하고 상승하던 시기였다. 따라서, 회사마다 자사주 또는 상장된 주식을 저가에 매수한 직원들은 월급이 우습게 보이던 시절이 잠깐 있었다. 이때, 멘탈 관리가 되지 않은 직원은 성급하게 퇴사하는 경우도 많았다. 퇴사 후에 어떤 도전을 했고, 그 결과가 어땠는가 하는 것은 사람마다 천차만별이었다고 할 수 있다. 하지만 대부분은 갑작스레 생긴 목돈을 제대로 관리하거나 활용하지 못해서 어려움을 겪었다. 그나마 자리 잡았다고 들리는 소식은 기존에 알고 있는 분야에 투자하고 키워 나간 경우가 대부분이었다. 돈은 버는 것도 어렵지만, 그것을 제대로 관리하고 키워 나가는 것은 더 어렵다는 얘기가 있다. 특히 스스로 준비가 안된 상태에서, 자본금만 가지고 있다면 위기를 자초할 가능성이 높다. 지금 뒤돌아봐도, 돈보다는 마인드와 관련 지식을 동반한 경험을 먼저 고민해야 했었다. 특히 젊은 시절에 큰돈을 만지는 것이 긍정적인 면만 있는 것이 아니라는 걸 나중에 깨닫게 되었다.

이는 직장생활도 마찬가지라고 생각한다. 모두가 신입사원 인터뷰에서는 입사 후 회사의 미래와 성공을 위해서 열심히 하겠다는 호언장담을 한다. 하지만 한 번도 직장이라는 조직생활을 해 보지 않았는데, 본인이 가장 잘 준비된 지원자라고 말하는 것 자체가 모순이다. 신입사원 채용을 위해 면접관으로 들어가서 수많은 입사 지원자들의 지원서를 검토하고 면접을 진행했었다. 그 중에서 누가 조직생활을 잘하고, 누가 적응하기 어려워할지 지원서와 짧은 인터뷰만으로 확인하기는 쉽지가 않았다. 대부분은 합격 통지를 받고 입사하여 수습 기간을 지나면서 마인드가 달라져 있었다. 마인드가 바뀌는 이유는 여러 가지가 있겠지만, 아직 준비가 되지 않았다는 것이 가장 큰 현실적인 이유일 것이다. 재학 중에는 취직을 위한 준비만 할 수 있다. 조금 더 나아간다면, 방학 중에 회사의 인턴도 할 수 있을 것이지만, 이를 두고 제대로 된 직장생활을 경험했다고는 할 수 없다. 하지만 이를 지원자 탓으로만 돌릴 수는 없다. 현실적으로 준비하지 않은 것이 아니라, 못했다고 하는 것이 맞을 것이다. 따라서 학교 졸업 후 첫 직장으로 들어온 신입사원은 사회생활과 직장생활이 처음이다 보니, 문화적 충격과 함께 여러 가지 내적 갈등을 겪게 되는 것이 일반적이다. 본인이 아직 직장생활에 준비되지 않았다는 것을 실감하기 시작한 것이다.

직장생활 중에도 다음 직위에서 해야 할 업무에 대한 준비를 미리 하는 직원은 생각보다 많지 않다. 이때는 준비를 못 한 것이 아니라, 안 했다는 표현이 맞을 것이다. 특히 실무자에서 관리자로 넘어가는 단계에서, 이러한 준비가 되어 있지 않아서 혼란스러워 하는 직원이 적지 않다. 실무자일 때 최선을 다하여 결과를 보여 줬으니까 회사에서는 관리자로 임명하였는데, 막상 관리자가 되고 보니 실무자일 때와 전혀 다른 역할을 해야 하는 상황에 힘들어한다. 이는 회사의 조직에서 종종 발생하는 현상이다. 아무리 현장 경험과 노하우가 있는 직원이라고 하더라도, 기술행정 등 사무 업무와 관리자 업무는 또 다른 영역인데, 이런 부분을 사전에 인지하지 못하다 보면 진급이 기회가 아니라 위기로 다가온다.

예전에 프로젝트를 같이 진행했던 해외 기업에 방문할 일이 있었는데, 그 미국 회사는 현장 전문가로 남고 싶어 하는 직원에게는 이를 보장해 준다. 그러면, 그 직원은 굳이 적성에 안 맞는 관리자를 택하기보다는, 본인이 잘할 수 있다고 생각하는 현장 전문가로 커리어를 이어간다. 보수 또한 경력만큼 인정을 해 주어, 직원이 동기 부여가 될 수 있도록 한다. 우리나라도 회사마다 이와 유사한 정책을 가지고 직원들 경력의 다양성을 인정해 주는 것이 필요하다고 생각된다. 이미 국내에서도 몇몇 회사에서는 시행하고 있지만, 이것으로는 충분하지 않다. 사회 전반에 상식으로 자리 잡을 정도로 대부분의 기업에서 제도로 뿌리내릴 때, 기업뿐만 아니라 국가적 경쟁력을 가질 것이다.

다른 한편으로, 영국 회사와 함께 협업을 할 때 이제 갓 대학을 졸업한 영국 회사의 직원이 프로젝트 책임자를 맡아서 현장 경험이 풍부한 직원들과 서로를 인정하면서 일하는 모습도 인상적이었다. 즉, 관리 업무를 맡을 직원은 처음부터 다른 직군으로 채용하고, 현장 직원들은 누가 관리자가 되고 프로젝트 책임자가 되든 상관없이 자신의 역할에 충실하면 되는 조직이었던 것이다.

말이 아니라 행동으로 다음을 준비해야 한다.

체력은 되니?

직접 참여했던 프로젝트 사례 중 국내에 없던 공법으로 진행해야 하는 프로젝트를 수주하고 나서, 이 분야의 컨설팅을 할 수 있는 호주 업체와 계약을 맺고 프로젝트를 진행했던 적이 있다. 프로젝트의 구체적인 계획 수립부터 현장 시공까지 경험이 전무하다 보니, 외국의 컨설팅사에 의존해서 프로젝트를 진행하게 되었다. 이때, 상식을 깨는 그들의 업무 추진 방식에 깜짝 놀란 경험이 있다. 아무리 여러 현장 경험이 있는 그들이었지만, 한국에서의 프로젝트 진행은 처음이었다. 따라서, 한국에 가장 적합한 시공 방법을 만들기 위하여 브레인스토밍도 진행하고, 시뮬레이션도 돌려 보면서 프로젝트 준비에 만전을 기했다. 이때, 그들만의 미팅에서 의견 일치가 되지 않고 논쟁이 붙었다. 그 논쟁은 다음 날이 되어서야 정리가 되었다. 결론을 도출하기 위해서 밤을 새웠던 것이다. 이어서 최종 정리된 내용을 문서화하는 작업을 진행하면서 또 하루 밤을 새웠다. 이틀 밤을 새우고 나서야 예정된 업무를 마무리하고, 근처 스테이크집으로 이동했다.

이날의 경험은 이후 회사생활에 많은 영향을 미쳤다. 소위 전문가라고 불리는 사람들이 어떻게 일을 추진하는지 눈앞에서 보게 된 것이다. 고액의 수수료를 요구하는 서비스에는 그들만의 노하우가 있기 때문이기도 하지만, 이를 현장에서 적시에 고객에게 제공하는 전문가 집단이 있기에 가능한 것이었다. 아무리 지식이 풍부하더라도, 이를 구현할 체력이 안 된다면 그 전문가의 실력은 평가절하될 가능성이 높다. 이전에 맥킨지와 같은 컨설팅 업체에서 근무하다 퇴사한 직원의 글을 읽었을 때도 이와 유사한 상황에 대한 설명이 있었다. 즉, 고액의 연봉과 수준 높은 복지를 제공하지만 직원들의 업무 강도는 상상을 초월한다는 것이었다. 따라서 워라벨을 꿈꾸거나, 가족과의 행복을 우선시하는 사람이라면 오래 근무할 수가 없다는 내용이었다.

그 후로 개인적으로 회사에서 새로운 업무를 맡거나, 쉽게 풀리지 않는 과제가 있을 때 밤을 새곤 했었다. 밤을 새우게 되면 몇 가지 장점과 단점이 있다.

먼저 장점으로는,

첫째, 업무의 연속성 확보가 용이하다.

> 퇴근 시간이 되어서 하루를 마무리하고 집에 갔다가 다음 날 아침에 출근해서 다시 업무를 시작하려면, 하루 중 실제 업무에 집중할 수 있는 시간은 그리 많지 않다.

둘째, 다른 업무를 배제하고 집중할 수 있다

> 대부분의 직원이 퇴근하고 나면, 오로지 내 앞에 놓인 과제에 집중할 수 있다. 메일을 확인하거나 전화를 받고 다른 부서와 협의한다고 신경 쓸 일이 없어진다.

셋째, 심층 사고에 유리하다.

> 첫 번째에 언급된 바와 같이 흐름이 끊기지 않고 문제를 분석하고 해결책을 찾아가는 과정을 진행할 수 있다 보니, 깊이 있게 생각하는 시간을 가질 수 있다.

그렇지만, 밤샘 작업의 단점도 분명히 존재한다.

첫째, 바이오리듬이 엉망이 된다.

> 당연한 얘기이겠지만, 밤샘 작업은 신체 리듬에 반하는 것이다.

둘째, 주간에 비해서 의사소통이 제한적이다.

> 지원이 필요하거나 추가로 데이터를 확인해야 할 경우가 발생해

도 주간만큼 원활하게 도움을 받지 못한다.

셋째, 의사 결정에 한계가 있다.

진행 방향과 비용 확정 등 의사 결정을 신속히 할 수 없다.

예전에 미국 교수가 한국 유학생에 대하여 평가한 기사가 있었다. 그 중에 하나가 체력이었다. 연구를 하다 보면 밤을 새울 일이 있는데, 미국 학생들에 비해서 한국 학생들이 체력적으로 힘들어 한다는 것이었다.

이는 대학에만 적용되는 것은 아닐 것이다. 분야를 막론하고 전문가가 되기 위해서 노력하는 과정에서, 또한 전문가가 된 후 실력 발휘를 하기 위해서 체력이 요구된다.

또한, 노는 것도 체력을 요구한다. 예전에 영국 기술자들과 프로젝트를 끝내고 저녁 식사 후에 맥주를 마시면서 이런저런 얘기를 할 기회가 있었다. 그때, 대부분의 한국 기술자들은 밤 10시, 늦어도 12시 정도에는 그 자리를 마무리했다. 그런데, 다음 날 아침에 일어나서 보니, 그들은 어제 저녁 헤어진 그 자리에 그대로 앉아서 아침 7시인데도 얘기를 나누고 있었던 것이었다. 한번은 덴마크 사람들과 함께 저녁을 할 때가 있었는데, 2시간 동안 이어진 저녁 식사에서 많은 얘기를 했다고 느꼈는데, 식사 후 맥주를 앞에 놓고 다시 몇 시간 동안 얘기를 나누는 것이었다. 아마 다음 날 일정이 없었다면 밤을 셀 수도 있겠다는 생각이 들었다.

유럽 사람들과 일을 하다 보면 문화적 차이에서 오는 이질감을 가끔씩 느낄 수 있다. 그들은 별 것 아닌 듯한 얘기를 주제로 1시간이든 2시간이든 얘기를 주고받았다. 아마도 어릴 때부터 이러한 환경에 노출되어 성장했기 때문이라 생각된다. 바에서 맥주 한 병을 앞에 두고 있다면 2~3시간도 얘기할 수 있는 그들이었다. 이 또한, 기초체력이 부족하다면 힘들 것이다. 그동안 만나봤던 서양인들은 대체로 기본 체력이 우리나라 사람보다는 강하다는 인상을 받았다.

앞으로 한국도 정년이 연장되고, 100세 시대가 되면서 노인 경제인구는 증가할 수밖에 없는 사회 구조가 되었다. 많은 지식과 경험을 가진 시니어들의 노하우가 묻히지 않도록, 국가적으로도 관심과 지원을 아끼지 않아야 할 것이다. 이에 못지않게 개인도 건강관리와 함께 네트워크를 계속 유지함으로써, 본인의 경쟁 활동을 이어가고 국가 경쟁력 유지에도 이바지할 수 있을 것이다.

체력이 곧 실력이다.

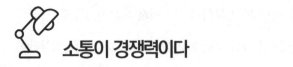

소통이 경쟁력이다

급변하는 시대에 세대 차이까지 맞물려서 조직 내 소통이 화두가 된 것도 이미 오랜 시간이 지났다. 하지만, 조직 안에서 수평 또는 수직 소통이 원활히 이루어지도록 하는 것은 그리 간단한 문제가 아니다. 하지만 회사 내에 활발한 소통이 가능할 때, 조직도 개인도 성장과 발전을 기약할 수 있다.

"개구리가 올챙이 적 생각 못 한다."라는 말이 있다. 통상적으로 지난 일은 생각 못 하고, 형편이나 상황이 조금 나아졌다고 으스댈 때 사용되는 다소 부정적 속담이다.

이를 달리 해석하면, 두 가지 의미가 숨어 있다고 할 수 있다.

첫째, 초심을 잃었다.

본인도 초보자 또는 힘들었던 시절이 있었는데, 이를 망각하는 것이다. 지금의 위치나 실력은 예전에 경험했던 시간과 노력이 축적된 결과인데, 이를 부정하려 한다. 현재 가지게 된 타이틀이나 권력욕에 취해서, 초심을 잃어버린 말과 행동을 하게 되는 경우이다. 이런 직원들의 행동들을 지켜보면, 언제까지 그 자리에 있을 것처럼 행동한다. 하지만 이는 개인적으로도 도움이 되지 않고, 조직적으로도 바람직하지 않은 상황이다. 다른 사람에게 영향을 미칠 수 있는 임직원의 위치에 있는 사람이라면 더더욱 조심해야 한다.

둘째, 역지사지가 안 된다는 것이다.

후임들이 아직 지식이나 경험이 부족하여 어려움을 겪고 있을 때, 그들의 입장에서 생각할 줄 모르게 되는 것이다. 특히, 선배에게서 혼나면서 일을 배웠다면, 대부분은 보상 심리가 있다. 그래서 후배들에게 내가 얼마나 힘들게 일을 배웠는지 귀가 아프게 들려주지만, 신입 직원들이 겪게 될 낯설고 두려운 상황은 고려 대상이 아니다. 이런 직원들의 경우, 경력과 노하우는 나의 개인적 자산이라고 여기며, 회사의 자산이라고는 생각하지 못한다. 이런 분위기가 조직에 만연하면, 개인은 대단하나 회사는 약한 존재가 되어 버린다.

위와 같은 상황이 발생하는 근본적인 이유 중의 하나가, 조직 구성원들끼리 서로를 소통의 대상으로 보지 않는다는 것이다. 이런 조직 내 부작용을 막기 위해서 회사에서는 여러 가지 시스템적 장치를 마련한다.

첫째, 리더십과 의사소통 교육 등을 실시한다.

관리자 후보 또는 관리자들이 조직의 성장과 발전을 위해서 가져야 할 기본 소양에 대한 교육을 진행한다. 이를 통하여 상대방의 입장도 이해하고, 신세대와의 소통에도 관심을 가지는 차세대 리더를 육성하려 한다. 세대 차이를 극복하기 위해서는 당연히 주니어와 시니어 세대 모두가 노력을 해야 한다. 그 중에서도 조직을 이끌어 가는 자리에 위치한 시니어 세대에서 오픈 마인드로 리더십을 발휘하고 직원들 간 적극적 의사소통을 이끌어 낼 수 있다면 그 조직은 건강한 조직이라고 할 수 있다.

둘째, 투명 경영의 실천이다.

시대가 기업의 ESG(환경, 사회, 지배구조) 경영을 요구하고 있다. 기업 오너부터 임직원에 이르기까지 기업의 투명한 경영에 관심을 가지고, 시장에 지속가능 경영을 실천하고 있음을 적극적으로 홍보할 수 있어야 한다. 이를 하나의 기업문화로 정착해 가기 위해서는 긍정적 소통의 문화가 무엇보다 필요하다.

조직 측면에서는 교육과 기업문화라는 측면에서 소통의 부재를 없애기 위한 노력을 계속해야 한다. 물론 교육만이 능사는 아니다. 하지만 교육 없이 변화와 성장을 논하는 것도 어불성설이다. 또한 교육은 콩나물에 물주는 심정으로 이루어져야 한다는 말이 있듯이 한 번의 교육으로 모든 것이 이루어질 것이라고 판단하는 것이 아니라, 지속적인 교육을 통하여 실제 업무에서 원활한 소통이 이루어지도록 관심을 가져야 한다. 교육 후에는 자연스럽게 리더 그룹이 나타나고, 이들을 중심으로 기업문화에 변화가 일어나기 시작하는 것이 감지된다면 이미 절반의 성공은 이룬 것이다.

다른 한편으로, 조직 내 소통하는 기업문화를 만들어 내기 위해서 많은 관심과 노력을 필요로 한다. 때로는 이벤트나 포상이 필요할 수도 있고, 주니어보드 또는 리더와 정기적 만남을 가질 수도 있다. 기업문화는 새로 만드는 것도 오랜 시간이 걸리지만, 이미 만들어진 기업문화를 바꾸는 것은 그보다 더 많이 시간이 걸릴 수 있다는 사실을 잊지 말아야 한다.

추가하여, 이제 막 입사한 신입직원들에게는 연착륙할 수 있는 내부 장치가 필요하다. 신입사원 교육과 멘토링 등으로 조직에 융화되도록 이끌 수 있을 것이며, 순환 보직 등으로 입사 초기에 다양한 경험을 하게 할 수도 있다. 이를 통하여 회사의 전반적 업무를 파악하고, 회사 내에서 본인의 적성과 가장 적합하고 역량을 발휘할 수 있는 업무를 찾아갈 수 있을 것이다. 이는 회사의 노력만으로 가능한 부분은 아니지만, 회사의 노력 없이 개인에게만 맡겨 둔다면 긍정적이기보다는 부정적 결과를 초래할 가능성이 높다는 점을 유의해서 추진되어야 할 사안이다.

개인 측면에서도 긍정적 마인드로 적극적으로 소통하려는 의지와 노력을 보여야 한다.

수동적으로 최소한의 일만 하려 하고, 어려움이 발생하게 되면 쉽게 회피하려는 자세를 취한다면 불통의 이미지만 굳어진다. 신입사원일 때는 낯선 업무들에 둘러싸여 있기에, 업무가 서툴러도 결과가 미흡해도 주변에서 이해하고 배려하려 하지만, 그 유효기간이 그리 길지 않다.

소통과 관련하여, 인터넷상에 떠도는 재밌는 글이 있다.

시집살이의 어려움에 빗대어, 직장생활을 하면서도 귀머거리 3년, 장님 3년, 벙어리 3년으로 생활한다면 직장 안에서 자리 잡을 수 있다는 이야기가 있다. 안타깝게도, 이 이야기는 가능하면 소통을 하지 말아야 살아남을 수 있다는 교훈을 말하는 것 같아서 씁쓸함이 앞선다. 실제 구글에서 deaf, dumb and blind라고 입력하면, 다양한 관련 그림들을 확인할 수 있다. 그리고 서양에서 생각하는 그림의 의미도 대체로 주변에 무관심하거나, 소통이 안 되는 사람을 은유적으로 표현할 때 사용된다고 한다. 한편으로는 장애인에 대한 차별적 표현으로 생각하는 사람들도 있다고 하니, 그림을 인용할 때는 주의가 필요하다고 하겠다.

소통, 상호 존중에서 출발한다.

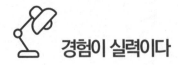

경험이 실력이다

처음 현장 발령을 받고 선배들과 출장길에 올랐던 그날이 아직도 생생하다.

하와이에 첫발을 내디뎠을 때, 눈에 보이는 모든 것들이 낯설고 신기했다. 그도 그럴 것이, 그 이전까지만 하더라도 나는 여권도 없었다. 그곳의 공기 또한 우리나라와는 다르다고 느껴졌다. 그렇게 선배들을 열심히 따라다닌 첫 출장은 좌충우돌 그 자체였다. 이후 15년이 지나서, 다시 하와이에 출장을 갔을 때는 옆 도시에 가듯이 출장길에 올랐다. 한국 출발 전 렌터카 예약까지 마치고, 주요 식당 및 예상 방문지 목록을 작성하는 등 개인시간을 어떻게 보낼지도 개략적으로 계획을 수립했다. 또한,

하와이의 문화적 특성과 함께 최근 사회적 흐름도 살펴보았다. 하와이에서 근무하는 상대 회사의 직원과 얘기를 할려면, 마중물을 할 수 있는 주제 한두 개 정도는 준비를 하려고 했던 것이다.

최근에는 온라인 플랫폼 사업자, 또는 여행 전문 사이트가 증가하면서 손쉽게 목적지의 호텔, 렌터카와 주변을 파악할 수 있는 환경이 되었다. 그렇지만, 어떤 정보들은 실제와 다른 경우도 적지 않다. 또한, 인터넷상에서 확인할 수 없는 현지 정보들도 있다. 실제 경험이 쌓이다 보면 정보의 오류 가능성도 고려해서 현지에서 적절히 대처하는 요령도 생긴다. 하와이 같은 관광지의 경우, 대형 이벤트가 있을 경우에는, 호텔 가격이 업 다운을 반복한다. 즉, 일주일 이상 체류가 예상되어 있다면, 중간에 호텔을 한 번 옮기는 것도 생각해 봐야 할 정도로 가격 편차가 심하다. 그나마, 하와이는 미국 영토로 분류되지만 아시안인들이 많이 거주하니, 아시아 계통의 식당은 쉽게 찾을 수 있다.

하지만, 미국 볼티모어에 한 달 출장을 갔을 때는 근처에 한국 식당이 없어서 미국인들과 같은 메뉴로 식사를 했었다. 이렇게 미국, 또는 유럽으로 출장을 몇 번 가 보니, 그들은 식사 때 밥을 같이 먹지 않는 게 일반적이라는 것을 알 수 있었다. 지금도 그렇지만, 그때만 해도 우리는 고기집에 가서 고기를 충분히 먹고 나서도, 된장찌개나 냉면을 먹는 게 익숙한 상황이라 스테이크만 먹고 식사를 마무리할 때면 뭔가 허전함을 느끼곤 했었다. 하지만 많은 해외 출장의 영향인지, 이제는 한국에서 고기 집에 가도 마지막에 된장찌개나 냉면을 먹어야 한다고 고집하지는 않는다.

서양에 출장을 가서 그들과 어울려 얘기를 하거나 식사를 할 때도, 해외 출장 경험이 많은 서양인은 아시아 또는 다른 대륙의 사람들을 배려하고 이해하려는 경향을 보이나, 해외 출장을 한 번도 가 본 적이 없는 서양인 중에는 자기중심적으로 생각하고 말하는 사람들도 많았다. 개인적인 성향 차이도 있겠지만, 그보다는 해외 출장 경험이 더 영향을 미쳤다고 생각한다. 해외 출장은 시야를 넓히고 다른 각도에서 세상을 바라볼 수 있다는 점에서도 기분 좋은 자극이지만, 무엇보다 이방인의 입장이 되어볼 수 있어서 좋았다. 이를 통해서, 우리나라에서 당연히 누리던 모든 것들에 감사하는 마음도 생기고, 새로운 시선으로 볼 수 있게 되었다. 예를 들어서 해외 출장을 갔다가, 우리나라에 다시 입국하면서 주변을 둘러보면 외국인이 혼자 출장이나 여행을 와서 한국을 경험하기에는 여러 가지 어려움이 있을 수 있겠다는 생각을 할 때가 종종 있었다. 지금은 대도시를 중심으로 나아졌다고는 하나, 아직까지 중소 도시나 시골로 가게 된다면 어려움이 있다고 해야 할 것이다. 이는 곧 전 세계와 교류하여 국가경쟁력을 유지해야 하는 우리나라의 국제적 환경을 고려했을 때, 향후 지속적 개선이 필요한 부분이다. 외국인의 눈에는 아직까지 멀게 느껴지는 나라일 수도 있는 것이다.

업무적으로도 이쪽 업계에 있는 사람들에게는 상식이지만, 일반인들에게는 그렇지 않은 경우가 종종 있다. 예를 들어서, 인터넷 시스템에 대한 이해가 없는 사람들이 가끔씩 '모든 게 무선으로 이루어졌으면 좋겠다'는 말을 하는 걸 듣게 되는 경우가 있다. 해외 구간을 포함한 인터넷 시스템의 전체 구성을 보면 무선으로 연결된 구간보다 유선으로 연결된 구간이 훨씬 많으나, 최종 소비자 입장에서는 편리성만 고려해서 하는 얘기일 것이다. 하지만 관련 업계에서는 편리성 못지않게 시스템의 신뢰성과 보안성도 고려해야 하니, 아직 인터넷이나 휴대폰의 전 구간 무선화는 갈 길이 멀다고 할 것이다.

또한, 해외 출장을 통해서 느낀 것 중 하나가 국토와 인구가 어느 정도 이상 되는 나라들은 자국의 수요가 있으므로, 해외 시장에 진출하는 것이 보다 용이하다는 것이다. 즉, 내수시장이 받쳐 주면 국내에서 비지니스 모델이나 제품을 충분히 검증한 후, 해외 진출을 모색해 볼 수 있는 것이다. 만약 내수시장이 없어서 해외 수출로만 경쟁력을 확보해야 한다면, 기업의 부담이 상당하다고 할 것이다. 해외 시장 진출을 위한 초기 투자 비용은, 국내 시장 진출에 비해서 최소 몇 배 이상의 노력과 비용이 소요된다. 그럼에도 불구하고, 해외 시장에서 성공한다는 보장이 없기에, 충분한 내수 시장을 가지고 있지 않은 국내 기업에는 부담이 아닐 수 없다.

역으로 해외에서 한국에서 투자하는 경우도 마찬가지이다. 한국 내 시장이 충분히 크고, 또한 해외 진출의 교두보가 될 수 있다고 판단이 된다면 보다 활발한 투자가 이루어질 것이다. 외국 자본의 투자가 활성화되고, 이에 따라서 내수 시장이 더 커지는 선순환이 이루어진다면 대한민국의 미래는 밝다고 할 것이다. 또한 이로 인해 활발한 인적 교류가 이루어진다면, 글로벌 시장에서 우리나라의 위상도 더 강화될 것이다.

한편으로, 해외 출장을 자주 다니다 보면 부러운 것 중의 하나가 유럽인들은 국가 간 이동을 도시 간 이동 정도로 여긴다는 것이다. 이에 비하면, 우리나라는 사실상 섬이나 다름없다. 만약 통일이 된다면, 여러 가지 경제적 이점이 많아질 것이 자명하니, 나라의 경쟁력을 위해서라도 통일이 이루어지길 국민의 한 사람으로서 소망해 본다. 물적, 인적 교류도 항공이나 선박이 아니라 육상으로 할 수 있다면 훨씬 경제적 가치가 높다. 또한, 북한을 넘어서 러시아와 중국과의 교류가 용이해지면서 현재 우리에게 부족한 천연자원들을 보다 쉽게 들여올 수 있을 것이다. 또한 유럽까지 이어지는 철도망에 우리나라가 포함된다면, 이로 인한 경제적 기대효과는 상상 이상일 것이라고 생각된다. 이를 통해서 국내 경제가 발전해 나간다면, 그에 따라서 다양한 직업들이 생성되고 부가가치가 만들어질 것이다.

지금도 예전에 비해서 우리나라의 경제는 많은 발전을 이루었다. 앞으로도 계속해서 국가경쟁력을 유지하고 성장해 나가기 위해서는 계속해서 인프라 구축을 위하여 정부에서 발 벗고 나서야 한다고 생각한다. 특히, 다른 어떤 나라보다 인적 자원이 국가경쟁력인 나라에서, 미래를 준비하고 지속적으로 경쟁력을 갖춰 나가기 위해서는 인재 육성을 통하여 국가의 비전을 실천해 나가야 할 것이다. 그 중에서도, 청년층에서 다양한 외국 경험과 지식을 쌓을 수 있도록 정부에서 적극 지원하는 것이 필요하다고 생각한다. 이를 가능하게 하는 교육 시스템과 해외 협력 프로그램을 지금보다 더 적극적으로 개발한다면, 지구촌에서 한국의 위상은 더 높아질 것이다.

경험은 배신하지 않는다.

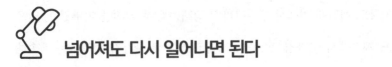

넘어져도 다시 일어나면 된다

인터넷에 유명 연예인의 옛날 사진이 떠돌아다니곤 한다. 어디 유명인 뿐이겠는가? 우리 모두는 각자의 흑역사를 가지고 살아간다. 그런데 이런 흑역사를 들추면, 대부분의 사람들은 민망해 한다. 왜냐하면, 지금은 그때보다 세련되었다고 생각하기 때문이다.

하지만, 이는 외모에 국한되지 않는다. 직장생활만 봐도 신입사원 때에는 지식이 부족하다 보니 방향성을 잃기 십상이고, 경험이 부족하다 보니 곳곳에 도사린 지뢰를 피하지 못해서 실패하는 경우도 종종 발생한다. 이때는 실패 자체보다 실패를 대하는 자세가 중요한 시점이다. 만약 이때, 그 실패에 연연해서 앞으로 나아가지 못한다면 훗날 웃으면서 자신의 옛날 모습을 돌아볼 기회는 없을 것이다. 또한, 후배들을 맞이하여 본인의 노하우를 풀어 낼 일도 없을 것이다.

  개인적으로도 성공보다는 실패에서 더 많은 성장이 있었다. 특히 주니어 시절에 그러했고, 단체로 프로젝트를 수행하다가 독립적인 판단과 의사 결정을 해야 하는 위치가 되면서 여러 가지 실수를 경험했다.

  주니어 시절의 실패는 운전과 많은 부분이 닮아 있다. 즉, 초보 딱지를 떼기 전에는 스스로 조심해서 운전을 한다. 그러다가 초보를 벗어나기 시작하면서 자신감이 부쩍 올라가고, 스스로를 과신하게 된다. 베테랑 선배들이 봤을 때 아직 그 경험이 미천해 보이나, 정작 본인은 그 짧은 경험으로 모든 것을 이해했다는 착각을 하며 운전이 만만해지기 시작한다. 이는 직장생활에서도 마찬가지이다. 일이 익숙해지고 직장 동료들과 친분이 쌓이기 시작하면서, 기존에 반복되는 업무에 자신감이 붙기 시작한다. 개인적으로도 대리 직급일 때 '이 정도는 내가 알아서 처리해도 되겠다'는 생각을 종종 했었다. 그때만 해도 내가 봐도 다 아는 일을 가지고, 왜 회사는 결재 단계를 두어서 시간을 낭비하려 하는지, 또한 리스크를 검토한다고 자원들을 추가로 투입하는지 이해하지 못할 때도 있었다.

  주니어 시절 다음으로, 실수 가능성이 높은 시기가 처음으로 책임자가 되었을 때이다. 물론 이는 사람이나 조직에 따라서 편차가 있기는 하지만 프로젝트 매니저이든, 조직의 팀장이든 실무에 대한 책임을 지고 의사 결정을 해야 하는 위치에 올랐을 때 실수가 종종 발생한다. 특히, 단체로 프로젝트에 투입되어 업무를 수행하는 현업 부서에 근무하다가, 승진을 해서 오롯이 혼자만의 결정을 내려야 하게 되면 더욱 부담감을 가진다. 상대적으로 영업 조직에 몸담고 있던 경우에는, 소수 정예로 출장을 다니고 고객들과 협상 및 계약을 하면서 본인 주도 하에 결정할 일이 종종 발생한다. 이런 경험은 이후 실무자에서 관리자로 승진하여 의사 결정을 해야 할 때 여러 가지로 도움이 된다.

운전도 익숙해지고 난 뒤에 아차사고를 몇 번 당하면 실력이 는다고 하는 것처럼, 직장에서도 회사의 시스템과 업무에 대한 기본 이해를 마친 후에, 회사에 피해가 가지 않는 수준의 작은 실수와 사고를 겪으면서 개인적인 성장이 더 빨라진다. 하지만 주니어 시절에 승승장구하다가 책임자의 위치에 올라서고 나서 실수를 하게 되는 직원은 정신적으로 힘들어 하는 경우가 많다. 왜냐하면 책임자가 되어서 잘못 내린 결정은, 주니어 시절과는 비교되지 않는 결과를 초래하기 때문이다. 즉, 회사에 큰 손실을 안길 수도 있고, 때로는 고객의 신뢰를 잃어버리는 경우도 발생한다. 결과적으로 인사고과에서 낮은 평가를 받기도 하고, 때론 팀장 자리를 내어 놓아야 하는 경우도 생긴다. 이때 추락한 자존감은 좀처럼 회복되지 않을 수도 있다.

책임자가 된다는 것은, 내 의지와 상관없이 발생한 일에 대한 책임을 묻는 경우도 발생할 수 있다는 것을 의미하기도 한다.

크게 두 가지 측면에서 실무자와는 차이가 있다.

사고 책임

각종 사고조사 기법들을 학습하다 보면, 누가 잘못했는가 보다는 원인과 결과 분석에 집중하라고 한다. 이를 통하여 재발 방지와 관리적 결함 등에 초점을 맞추어서 조사할 것을 권장한다. 하지만 해당 사고를 유발한 부서의 책임자라면 사고로부터 자유로울 수 없다. 특히, 초보 관리자일 때 이러한 책임을 추궁 받으면 이를 수용하기 보다는 분노하고 부정하면서 받아들이기 어려워한다. 일반 사례로는 정치권 뉴스에서 이런 내용들을 자주 접할 수 있다. 이제 임명된 지 일주일도 안 된 장관에게, 사고의 책임을 지고 물러나라는 기사를 종종 접한다. 책임자이기 때문에 감내해야 하는 어려움은 사실 이뿐만 아니다.

관리 책임

예를 들어서, 현장에서 급하게 필요한 자재가 있었는데 현장에서 5천만 원의 비용이 추가로 발생할 것으로 예상된다는 상황 보고가 있었다. 하지만 평상시 절차대로 업무를 진행한다면 일주일의 작업 지연이 우려된다고 판단한 프로젝트 매니저는 구두로 상위 관리자에게 보고하고 업무를 추진하고 싶어 한다. 이때 보고를 받은 관리자는 보고된 상황만 믿고 신속히 업무를 처리했으나, 나중에 문제가 되는 경우가 있을 수 있다. 즉, 비용 처리 과정에서 회사의 규정을 적법하게 따랐는지 조사를 하였고, 당시 절차대로 진행되지 않은 부분에 대한 책임을 묻는 상황이 발생하였다면, 책임자 또한 일정한 책임을 져야 하는 상황이 발생할 수 있다.

실무자라면 위와 같은 이유로 관리책임을 묻지는 않는다. 그렇다고 실무자일 때 회사의 방침과 절차에 나 몰라라 하고 주변에서 일어나는 일들에 귀를 닫고 있다면, 이는 미래를 준비하는 직원의 마음가짐과 행동은 아닐 것이다. 스스로 행동하는 과정 속에서 실패와 성공을 맛보고, 이를 통하여 한 단계 성장하는 자만이 미래를 성취하는 것이다. 또한, 관리자로서 새로 익혀야 하는 다양한 지식과 경험이 필요한 시점에, 실무에 대한 경험이나 이해가 부족하여 어려움을 겪는다면, 초보 관리자를 벗어나는 시간은 더 오래 걸릴 것이다. 실무자일 때 어떤 시간과 경험을 보냈는가 하는 것은 관리자가 되었을 때, 더욱 또렷이 구분되어진다.

배가 항구에 있을 때 가장 안전하다. 그러나 그것이 배의 존재 이유는 아니다.

7장

결국 멘탈이다

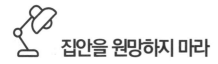

집안을 원망하지 마라

　나의 어릴 적 꿈은 축구 선수였다. 그렇다고 축구부에 들어갔거나, 주변에 진짜 축구 선수가 있었던 것은 아니다. 그렇지만, 초등학교 내내 학교에 도착해서 축구를 한 후에 교실에 들어갔다. 물론 점심 때도 축구를 했다. 당연히 학교를 마친 뒤에도 축구를 했다. 어떻게 해야 축구 선수가 될 수 있는지도 몰랐고, 주변에서 축구 선수로 성장하는 형이나 지인들도 없었지만 마냥 축구가 좋았고, 막연히 축구 선수를 동경했었다.

　그때는 왜 그랬을까? 아직도 정확한 이유는 모르겠지만, 그때는 그랬다. 항상 같이 축구를 하는 단짝이 있는 것도 아니고, 근처에 축구부가 있는 것도 아닌데, 혼자서 축구에 매달리는 시절이었다.

초등학교 저학년 때를 돌이켜보면, 그냥 집에 가기 싫은 마음도 있었던 것으로 기억된다. 그때까지만 해도, 시골에서 동네 이장을 하시다가 도시로 올라오신 아버님께서 아직 자리를 잡지 못하시어, 어머니까지 맞벌이를 하고 계셨다. 그래야 다섯 식구가 먹고살 수 있었던 시절이었다. 가진 것 없는 가족이 도시로 이사 와서 살아간다는 건 그리 만만하지 않았을 것이다. 하지만, 그걸 알 리 없는 초등학생 꼬마 녀석은 엄마가 없는 집에 들어가기가 싫었던 것이다. 가끔씩은 친구 집에 놀러 가는 경우가 있었다. 그러면, 친구 엄마가 간식도 내 주시면서 "친구들과 재밌게 놀아."라고 애기를 해 주신다. 그럴 때면 우리 엄마도 집에 있었으면 좋겠다는 생각을 하곤 했었다.

그렇게 집보다는 학교 운동장을 더 좋아하는 아이가 되어 가고 있었다. 축구가 가진 최고의 장점이라면 축구공 하나만 있어도 축구 시합을 할 수 있다는 것이다. 축구화가 없고, 제대로 된 골대가 없어도 전혀 문제되지 않는다. 축구공 하나만 있다면, 다른 것은 문제가 되지 않는다. 돌멩이 2개를 가져와서 양쪽으로 놓으면 골대가 되고, 구멍이 난 운동화로도 멋진 슛을 날릴 수 있다. 지금도 가끔씩 브라질의 빈민가에서 어린 아이들이 맨 발로 동네 공터에서 축구를 하는 모습을 TV에서 볼 때면, 예전의 나의 어릴 적 모습이 아련히 떠오르곤 한다.

위로는 2살 터울의 형이 있었는데, 하루는 6학년들이 모여서 축구 시합을 하면서 나를 불렀다. 4학년이고 덩치가 작은 편이었지만, 6학년 형들 사이에서 한몫을 해내니 계속해서 나를 불러줬다. 그 이후로 같은 또래와의 축구는 시시하다고 느껴질 정도로, 형들과 같이 축구를 하는 날이 기다려졌다. 그리고 주말이면 3~4살 위의 동네 형들과 축구를 하면서 시간을 보냈다. 주말이면 최소 2~3게임은 할 수 있다는 것이 너무 좋았다. 추운 겨울 날씨도, 더운 여름 날씨도 축구에 대한 열정을 막지는 못했다.

그런데 초등학교 6학년에 뭔가 이상하다는 것을 느꼈다. 그 당시에 우유 급식을 했는데, 어머니가 급식비를 안 주시는 것이었다. 한번은 학교에서 준비물을 알려 줬는데, 어머니가 준비물을 사 주실 수 없는 것이었다.

그랬다. 우리 집은 달랐다. 내가 무언가를 갖고 싶다고 해서 살 수 있는 상황도, 무언가를 알고 싶다고 해서 배울 수 있는 상황도 아니었던 것이다. 사실 초등학교 저학년 때까지는 돈이 있는 것과 없는 것. 내가 하고 싶은 것을 할 수 있는 것과 없다는 것의 차이에 대한 인식을 크게 못했고, 따로 불만도 없었다. 없으면 없는 대로 그냥 친구들과 어울려 놀면서 지냈다. 그때만 해도 운동장에서, 골목길에서 놀 수 있는 것들이 많았다. 그런데 초등학교 고학년이 되니, 가정형편이 여유로운 친구의 학용품이 나랑 다르다는 것이 눈에 들어왔다. 또한 누구는 학교를 마치면 학원으로 수영장으로 태권도장으로 갔지만, 나는 학교 운동장에 있었다. 어떤 날은 너무 배가 고파서, 학교 운동장의 수도꼭지를 틀어서 물을 마시곤 했다. 그래도 집에 가고 싶지는 않았다. 어차피 집에 가도 나를 반겨주는 사람이 없고, 맛있는 음식이 있는 것도 아니었다.

그렇게 부족한 형편이었지만, 드러내서 불평은 하지 않던 꼬마 아이에게 일생일대의 고비가 찾아왔다. 아버지가 돌아가신 것이다. 평소에는 얼굴도 못 보는 친척들이 모였고, 나는 난생 처음 장례식장에 있었다. 뭐가 뭔지 잘 몰랐지만, 한 가지는 확실히 알 수 있었다. 아버지가 안 계시면, 우리 집이 어려워지겠다는 것이다. 아직 철이 들지 않은 나이였지만, 우리 가족이 앞으로 더 힘들게 살겠다는 것은 어렴풋이 짐작할 수 있었다.

중학교 1학년 때의 일이다. 담임 선생님께서 본인이 하고 싶은 운동이 있는 학생은, 운동부가 있는 학교로 전학을 보낼 줄 테니, 집에 가서 부모님께 말씀드리고 신청하라는 것이었다. 그때 한 친구는 야구를 좋아해서, 지역에서는 잘 알려진 야구부가 있는 학교로 전학을 갔다. 그런데 나는 집에 가서 말을 할 수 없었다. 운동부 생활에 대해서 잘 알지는 못했지만, 축구화도 사고 유니폼도 맞추고 여러 가지 준비를 하기 위해서는 돈이 들 것이라는 생각이 들었다. 홀어머니가 힘겹게 삼 남매를 키우신다는 걸 알 수 있는 나이가 되니, 나에게는 사치라는 생각이 앞섰다. 그보다는 어떻게 빨리 돈을 벌 수 있을까 하는 고민이 앞섰다.

그래서 나름 혼자서 결론을 내렸다. 4~5년은 할 수 없이 학교를 더 다녀야 하지만, 고등학교 3학년이 되면 현장 실습을 나가서 돈을 벌 수 있는 실업계 고등학교로 진학하는 것이다. 그리고, 그때까지는 학교를 다녀야 하니, 신문 배달 등으로 용돈벌이라도 할 계획이었다. 그때 신문배달을 이유로 자전거를 구매했고, 이후로 자전거는 나의 중고등학교 학창 시절을 함께 했다. 학교까지 가는 길은 꽤 높은 경사길이 있었는데, 그곳까지 한 번도 쉬지 않고 자전거로 등하교를 했다. 또한, 신문 배달을 통해 시작된 첫 사회생활은 이후에 또 다른 아르바이트에 도전하게 하는 밑거름이 되었다. 처음이 어렵지, 두 번째, 세 번째 도전은 어렵지 않게 시작할 수 있었다.

인생에서 만약이란 없지만, 그때 가정형편이 여유로워서 축구부에 들어가서 축구를 계속 할 수 있었다면, 지금의 나는 어디서 무엇을 하고 있을까 상상을 해 보곤 한다.

만약 누군가 초등학생 저학년의 나에게, 제대로 축구를 하려면 축구부가 있는 학교로 전학을 가는 것이 좋고, 거기에는 축구를 가르쳐 주실 감독님도, 함께 축구를 할 수 있는 친구들도 많다고 알려 줬으면 내 인생이 바뀌었을지도 모른다는 생각을 가끔 한다. 초등학교 저학년이라면 어머니에게 떼를 쓰고도 남을 나이이니까.

우리 집에 돈이 없다고 가장 크게 느낀 시간들은, 중학교 이후 친구들과 어울려 놀면서 피부로 느끼게 된다. 초등학교까지는 기껏해야 학교 앞 문방구에서 음료수 하나 사 먹거나 뽑기나 동전 오락실에 가는 것이 전부였는데, 중학생이 되니 소비 씀씀이가 커졌다. 문방구를 가더라도 소비하는 금액이 더 커지고, 시내라도 한 번 나가게 되면 더 큰 비용이 지출된다. 당연히 나는 돈이 없다 보니, 궁색해질 거라고 생각되는 자리에는 참석하지 않으려 했다. 그럴수록 더욱 운동장에서 축구를 즐기고, 집에 가서 책을 보는 시간이 점점 늘어갔다.

항상 부족하기만 했던 그때가, 돌이켜보면 인생은 스스로 개척해야 한다는 걸 가르쳐주는 소중한 시간이었다.

부족하다는 인식이 있을 때, 나아질 것을 고민한다.

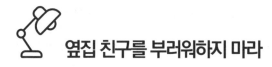

옆집 친구를 부러워하지 마라

어릴 때는 함께 어울려 놀았던 동네 무리가 있다. 함께 축구를 즐기고 나면, 그 다음에 무엇을 할까 같이 고민하고, 시간을 보냈던 친구들이다. 아쉽게도 나랑 같이 하루 종일 축구만 할 친구는 없었지만, 같은 초등학교를 다니고 같은 동네에 산다는 이유만으로 하루의 대부분을 같이 보내던 친구들이 있었다. 초등학교 때는 같이 다녔지만, 중학교는 서로 다른 곳으로 전학하면서 멀어지게 된 친구들도 있는데, 그래도 여전히 주말이 되면 함께 어울려 축구를 하면서 시간을 보냈다. 그때만 해도 해가 지면 축구를 할 수 있는 공간이 없었다. 지금이야 축구 또는 풋살 동호회도 있고, 원한다면 라이트가 설치되어 있어서 야간에도 축구를 할 수 있는 공간을 찾을 수 있다. 하지만, 그때는 해가 지면 대부분의 야외 활동이 중단되었다. 그럴 때면, 마음 맞는 친구끼리 모여서 장기를 두곤 했었다. 그 중에 나랑 맞수였던 친구가 있는데, 승률은 그 친구가 더 높았다. 나는 장기를 두고 나면, 이겼는지 졌는지 크게 개의치 않고 그 결과를 잊어버렸다. 그런데 나중에 알고 보니, 그 친구는 자기가 졌을 경우에는 왜 졌는지 연구를 했다고 한다.

또한, 그 친구는 학교를 마치면 항상 학교 앞 문방구에 들러 조립 완구를 사서, 집에서 조립하는 취미가 있었다. 나는 거의 사 보지를 않았지만, 그 친구는 2~3일에 한 번씩은 사서 계속해서 뭔가를 조립했었다. 잘 기억이 나지는 않지만, 그때는 조그마한 완구가 오백 원 정도였던 것으로 기억된다. 그때의 완구가 상상이 안 되겠지만, 플라스틱 형상으로 된 각 부품이 하나의 틀에 붙어 있다. 이걸 하나씩 뜯어내어 설명서의 그림을 보면서 전체 조립을 하게 되어 있다. 조립도 비교적 간단하고 특별한 구성품도 거의 없는 로봇이나 자동차 완구였다. 지금 생각해 보면 그 당시 학교 앞 문방구에서는 조잡한 제품들을 많이 팔았다. 뽑기와 같은 불량식품이나 허접한 오락기도 문방구 앞에 설치해 두었다. 지금 생각해보면 헛웃음이 나오지만, 초등학생에게 학교 앞 문방구는 만물가게로 보이는 엄청난 존재였다.

나중에 어른이 되어서 알게 되었지만, 어릴 때 완구 등 뭔가를 조립하는 것은 두뇌 발달에도 도움이 많이 된다는 걸 알았다. 내 친구는 그걸 수시로 사서 조립을 했으니, 학원에 가지 않았음에도 나름대로의 두뇌 활동을 꾸준히 한 효과가 있었을 것이다. 굳이 내 친구 얘기를 하는 이유는, 이 친구는 결국 부모님의 바람대로 S대 법대로 진학을 했었다. 초등학교 시절 똑같이 운동장에서 축구를 하면서 뛰어놀던 친구가 성인이 되면서 서로 다른 길을 갈 수도 있다는 것을 나에게 알려준 나름 충격적인 사건이었다.

나랑 대부분의 어린 시절을 공유했던 친구는 나랑 무엇이 달랐을까?

태어날 때부터 영재라서 그랬을까?

같이 초등학교 6년을 다니면서, 남다른 학습 능력을 보이거나 천재성을 보이지도 않았던 친구가 어떻게 중학교, 고등학교 진학을 하면서 공부에 두각을 나타나게 되었을까?

그것은 바로 복기라고 생각한다.

당시에 친구들끼리 바둑을 두지는 않았지만, 바둑에서도 고수가 되기 위해서는 반드시 복기를 거쳐야 한다고 들었다. 특히 패배 직후의 복기를 하는 바둑 지망생들을 보면, 대단하다는 생각이 절로 든다.

그 친구도 그랬다.

장기를 두고 나서, 또는 완구를 조립하고 나서 다시 한 번 복기를 하는 것이었다. 특히, 본인이 실수하거나 실패한 부분은 꼭 복기를 해서 똑같은 상황이 발생하지 않도록 노력했었다.

나는 결과에 미련을 두지 않는 편이었으나, 그 친구는 과정을 중요시했던 것이었다.

학창 시절에는 어쨌든 시험 제도가 있으니 반 강제적으로 수업 내용을 복습하게 된다. 그에 비해서, 사회생활을 하면서 인생에 꼭 필요한 지식과 지혜를 익히는 과정에서는 그만한 노력을 들이는 경우가 드물다. 스스로 인생을 돌아보고 이를 기초로 미래를 설계하는 시간에, 그저 남 잘된 얘기만 듣고서 부러워하고 있는 모양새이다.

본인이 한 행동의 결과를 스스로 복기해보고 개선하려 노력한다면, 이는 무엇과도 바꿀 수 없는 소중한 자산이 되어 밝은 미래를 약속할 것이다.

복기는 과거로 돌아가는 것이 아니라, 미래로 나아가는 것이다.

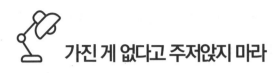

가진 게 없다고 주저앉지 마라

돌이켜보면, 항상 물질적으로 여유가 없었다. 그러다 보니 자존감도 낮았던 학창 시절을 보냈었다. 초등학생 시절에는 딱지치기, 구슬치기가 유행이었다. 딱지나 구슬치기를 잘하면 상대방이 가진 것을 가질 수 있다. 월등히 뛰어난 실력을 가지고 있다면, 계속해서 불려 나갈 수 있겠지만 그게 또 마음대로 되지 않는다. 그리고, 어느 순간 내가 가진 구슬이나 딱지가 얼마 없어 보이면, 슬슬 불안감이 몰려온다. 그렇지만, 여기서도 부익부와 빈익빈은 작용한다. 충분히 용돈을 받고 여유가 있는 아이들은 크게 개의치 않는다. 다 잃으면 문방구에 가서 추가로 더 사면 된다. 하지만, 나에게는 해당 사항이 없는 일이었다. 그래서일까? 딱지나

구슬치기에 적극적이지 못했고, 그런 스스로에게 이런 것은 아무 의미 없는 것이라고 위로를 해 주었다. 하지만, 초등학교 저학년에게 딱지와 구슬은 보물 같은 존재이다. 딱지 하나, 구슬 하나에 희로애락이 담겨 있었다. 승부욕이 강한 친구는, 학교를 마치고 구슬치기를 하다가 모두 잃게 되니 집에 가서 어머니께 용돈을 받아서 추가로 구슬을 사고 저녁 무렵에 친구 집에 찾아가서 아직 끝나지 않은 승부를 끝내자고 도전장을 내 밀기도 했었다. 생각해보면, 그때 즐겨하던 사소한 놀이에서부터 승부욕이 남달라 보였던 친구들이 있었다.

그때도 그랬지만, 승부욕이라는 것이 실력을 동반해야 좋은 결과를 기대할 수 있다. 객기로 용기를 낸 경우는 대부분 좋지 않은 결말로 끝난다. 진정한 승부사라면, 자신의 장점과 약점을 먼저 파악하고 상대방 공략법을 고민할 것이다. 즉, 지피지기가 되어 있어야 승률을 올릴 수 있는 것이다.

축구 시합을 할 때도 같은 상황이 벌어진다. 누구는 멋진 체육복에 멋진 축구화를 신고 시합을 하러 온다. 그렇지만, 나는 매일 입던 옷에 매일 신는 운동화로 운동장을 가로지른다. 그러다가 미끄러지기도 하고, 넘어지기도 한다. 축구를 해 본 사람이라면 잘 알겠지만, 맨땅에서 축구화와 운동화는 제법 큰 기량 차이를 만들어 낸다. 특히, 비슷한 수준의 또래끼리 축구 시합을 하는 경우라면 더욱 그렇다. 내가 그렇게 좋아하는 축구를 하면서도, 집에 가서 멋진 축구화를 사 달라고 졸라본 적은 없었다. 생각해보면, 나도 모르게 어느새 애늙은이가 되어 있었다. 그래도 축구를 할 때는 다른 모든 것을 잊을 만큼 항상 즐겁고 행복했다. 더운 한 여름 날씨에도 2게임은 거뜬히 치렀다. 그리고, 무엇보다 좋았던 것은 지더라도 잃을 게 없었다는 것이었다. 아마 축구시합 때마다 내기를 했다면, 순수한 마음으로 축구를 즐기지 못하고 멀리하게 되었을 수도 있었다.

초등학교 시절이라면 으레 집안 책장에 꽂혀 있는 위인전이나 권장 도서도 우리 집에는 없었다. 사실 그 당시는 그런 점을 아쉬워하기보다는, 그냥 TV를 보면서 시간을 보냈다. 지금 돌이켜봐도, 물질적으로 부족했던 부분은 크게 문제되거나 마음의 상처로 남아 있지는 않지만, 초등학생 시절 책이랑 가까워질 수 있었던 경험 없이 시간을 보냈다는 것에는 아쉬움이 남는다.

중학교에 올라가면 그 차이가 더욱 두드러진다. 누군가는 명품 점퍼를 입고 오고, 누구는 교과서 이외에 참고서나 관련 서적까지 다양하게 활용한다. 또한, 우리 때에 막 PC가 대중화되기 위한 첫발을 내딛고 있어서, 경제적 여유가 있는 친구들은 집에 PC를 사기 시작했던 시기였다. 그렇지만 사춘기에 들어갔던 나는 주변에 우리 집이 가난하다는 것을 굳이 알리고 싶지 않았다. 그래서 더욱 운동장으로 달려 나갔었는지 모르겠다. 하지만 지금 생각해보면, 이 또한 자기변명에 지나지 않는다. 어찌 되었든 읽을 책을 찾아보고, 그동안 몰랐던 새로운 지식에 눈을 뜨기 위해서 노력했다면 어느 정도 성과가 있었을 것이다. 그런데, 그때만 해도 학교 시설물이나 도서관을 이용한다든지, 아니면 선생님에게 찾아가서 고민을 털어 놓으려는 생각조차 하지 못했었다.

지금은 그때와 달리, 세상을 살아가는 방법이 한 가지만 있다고 생각하지 않는다. 또한, 열심히 하다 보면 내가 생각지도 못한 행운이 따라오기도 한다는 것을 경험을 통해서 알고 있다. 하지만, 그때는 주변에 항상 어울리던 친구들과 만나서 시간을 보내려고만 했지, 내가 모르는 게 있으면 궁금증을 해소하기 위해서 별도의 노력을 하지 않았었다. 예를 들어서, 집에 PC는 없는데, 컴퓨터가 너무 궁금하고 관심이 있었다면 선생님에게 찾아가서 학교 전산실에 설치된 컴퓨터를 사용해 볼 수 있는지, 또한 컴퓨터에 관한 책들은 어디서 볼 수 있는지 물어볼 수도 있었을 것이다. 그러면 선생님께서 중학교 1학년이 스스로 생각할 수 없는 답을 주셨을 것으로 생각된다. 또는, 집에 PC를 가진 친구네 집을 방문하여 궁금증을 어느 정도 해소할 수 있었을 것이다. 하지만 그때는, 당장 내가 가진 것이 중요한 것이 아니라, 무엇을 생각하는지에 따라서 나의 사고의 폭과 행동반경이 달라진다는 것을 몰랐다. 그리고, 해답을 알 수 없는 질문들이 머릿속에서 계속해서 맴돈다면, 나보다 지혜나 지식이 많은 사람을 찾아가서 배우거나, 도서관에 가서 관련 도서들을 찾아볼 수도 있다는 것도 몰랐다. 그 대신에 평상시에 어울리던 친구들과 함께, 이전과 똑같은 하루를 보내는 것에 만족하면 하루하루를 보냈다. 뒤돌아보면 그때 그 자리에서 머물지 않기 위해서, 한 발짝만 더 내딛었다면 어땠을까 하는 약간의 아쉬움은 있다.

물질적 부보다는, 먼저 지식과 네트워크를 키워라.

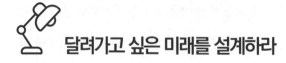

달려가고 싶은 미래를 설계하라

복기가 중요한 이유는, 어제보다 나은 내가 될 수 있는 하나의 계기가 되기 때문일 것이다. 그렇지만 복기는 과거에 대한 반성이고, 이것만으로 충분하지는 않다. 복기를 발판삼아 성장하기 위해서는 미래를 보는 눈을 가져야 한다. 어릴 때는 주변에서 멘토를 찾거나, 책 속에서 그 방향성을 확인하기도 어렵다. 일찍부터 훗날 도달하고 싶은 목표를 염두에 두고 그곳을 보면서 달려가는 것이랑, 오로지 오늘 하루만 생각하는 삶은 다를 수밖에 없다.

내 친구의 경우에는 꽤 나이가 차이나는 대학생 친형이 있었다. 그 친구에게는 그 형이 멘토였던 것이다. 대학 생활이나 미래의 모습을 조언

해 줄 수 있는 고마운 존재였던 것이다. 그에 비해서 나는 딱히 목표하는 바가 없었다. 멋진 축구 선수가 되겠다는 생각은 했지만, 그건 마음속으로만 간직했다. 그보다는 오늘 하루를 어떻게 보낼까 하는 생각이 머리를 지배했다. 내가 무엇을 할 수 있는지, 어디로 갈 수 있는지에 대한 고민은 전혀 없었다. 또한, 시골에 살다 보니 정보가 제한적인 부분도 있었다. 학교와 집 사이의 등굣길은 비포장길 또는 논으로 둘러싸여 있어서, 학교를 오가는 길에 세상의 변화를 느낄 수 있는 그 무엇도 존재하지 않았다. 학교에서 보는 학생들과 선생님, 또한 동네에서 보는 형, 친구, 동생들이 세상의 전부였던 시기였다.

곧이어 중학생이 되었지만, 그때까지도 큰 변화는 없었다. 중학교라서, 조금 더 먼 동네에 사는 친구들이 같이 학교를 다닌다는 것, 영어와 컴퓨터라는 것을 처음 접하게 된 정도가 그나마 변화라면 변화라고 할 수 있었다. 그렇게 중학교 2학년이 되었을 때, 고등학교에 다니던 형이 어느 날 나에게 와서 공부를 하라는 것이었다. 이 무슨 마른하늘에 날 벼락인가? 학교 수업이나 책 보는 것 자체를 싫어하는 것은 아니었지만, 집안 형편이 어려우니 빨리 어른이 되고 돈을 벌 수 있었으면 좋겠다는 생각을 하고 있던 나에게 공부를 해서 대학을 가라니 바로 이해를 하지 못했다. 집안 형편이 넉넉하지 못하다는 것은 누구보다 잘 알고 있는 형이 이런 얘기를 하니 어린 나로서는 전혀 이해가 되지 않았다. 그럼에도 불구하고 나에게 이런 말을 하는 이유가 있을 것이라고 짐작만 할 뿐, 직접 물어보지도 않았다. 그러면서 형이 덧붙이기를 "내가 대학은 어떻게든 보낼 줄 테니, 걱정하지 말고 공부해서 대학에 가라"는 것이다. 그렇게 형은 자신의 미래보다 가족의 미래를 먼저 설계했다. 본인이 실업계로 진학해 보니, 더욱 동생만은 실업계 고등학교가 아닌 대학교로 보내겠다는 다짐을 한 것이었다. 고등학생이 된 형은, 어린 동생이 보지 못하는 미래를 보고 있었던 것이다.

그때 형의 거부할 수 없는 충고가 아니었다면, 나는 자연스럽게 실업계 고등학교를 선택하여 진학했을 것이다. 그리고, 지금이랑은 전혀 다른 모습으로 어딘가에서 살아가고 있을 것이다. 지금 생각해도 그때 형의 완고한 고집은 나의 미래를 송두리째 바꿔 놓은 고마운 결정이었다. 학교 수업 이외에 집에서 공부를 해 본 적도 없고, 학원도 가 본 적도 없었지만, 나름 중학교 2학년 말부터 책을 붙들고 책상에 앉아 있는 시간이 늘어났다. 그리고, 뜻하지 않게 인문계 고등학교로 진학을 하게 되었다. 이때까지는 몰랐다. 대학에 진학하고 세상을 보는 눈을 키우게 되면, 그동안 내가 얼마나 우물 안 개구리로 살았는지를.

대학에 진학하고 나서도 아르바이트는 놓지 않고 계속하려고 했었다. 왠지 그래야만 한다고 느꼈었다. 대학에 왔다고 마냥 즐겁고, 신나기만 한 것은 아니었다. 그 당시에는 몸이 피곤하거나 왠지 아르바이트를 하러 가기 싫은 날이면 짜증도 나긴 했지만, 돌이켜보면 대학 생활 중 경험했던 10여 가지의 아르바이트는 사회를 이해하고 나를 성숙해지게 만드는 시간들이었다. 그리고, 이때의 경험은 대학 졸업 후 사회생활이나 직장생활에 필요한 여러 가지를 알려 주었다.

나이가 들수록 더욱 느끼는 부분은, 본인의 생활 반경이나 활동 공간이 좁으면 좁을수록 시야와 사고도 같이 좁아지는 경향이 있다는 것이다. 그래서 가능하다면 젊은 시절에, 다양한 활동과 경험을 쌓은 후에 사회에 진출한다면 더 많은 기회에 스스로를 노출시킬 수 있다. 그리고, 젊은 시절에는 하찮고 별 볼 일 없어 보이는 경험들도, 잘 관찰하고 놓치려 하지 않다 보면 생각지도 못한 상황에서 도움이 될 수 있다는 것이다.

대학 시절에 호기심을 가지고 동호회 활동, 학교생활을 하면서 이전과는 다른 세상이 있다는 것을 알게 되었다. 그런데 그 당시에는 이런 부분들을 쉽게 받아들이지 못했다. 낯선 환경, 낯선 사람들, 생소한 지식들을 접할 때면 내 것으로 만들려고 노력하기 보다는 나와는 다른 세상으로 느끼곤 했었다. 누군가는 학생이 학생다운 순수한 마음으로 열정을 가지고, 내가 하고 싶은 것, 좋아하는 것을 찾아 가는 시간들을 가져야 한다고 말하지만, 나에게는 그런 여유가 없다고 스스로에게 되뇌었다. 돌이켜보면, 함께 대학을 다녔던 동기들도 대부분 주변의 기대에 어긋나지 않게 생활하려는 친구들이 대부분이었다. 학과 수업에 충실하고, 시간 내서 영어 학원을 다니면서 기회가 되는대로 배낭여행이나 어학연수를 다녀오고 3학년이 되면 본격적으로 취업 준비에 나선다. 어떻게 생각하면 당연한 결과일 것이다. 고등학교 때까지 입시 교육에 익숙하고, 야간자율학습도 학교와 선생님의 통제에 따라서 움직였던 학생들이, 대학생이 되었다는 이유만으로 전혀 다른 라이프 스타일을 추구한다는 자체가 난센스일 것이다.

만약 우리의 교육제도가 입시제도 위주가 아니라, 자기가 뭘 좋아하는지 알아보고 적성을 찾아갈 수 있는 학창 시절이 될 수 있다면, 대학교 진학 후 또 다른 자신을 발견하기 위해서 스스로 노력하는 대학생이 더 많아지지 않을까 생각해본다. 미국의 입시제도가 단순히 성적만 따지는 것이 아니라, 외부 활동이나 봉사 활동 기록을 요구하는 것도 이러한 의도를 담고 있을 것이다.

대학 생활 속에서 열심히 무언가를 탐구하고, 나의 미래와 열정을 바칠 수 있는 무언가를 찾았다면, 그것만으로도 대학 생활은 의미를 가질 것이다. 무언가에 빠져서 내가 좋아하는 것을 하다 보니 도달하고 싶은 목표가 생겼을 수도 있고, 아니면 목표를 정해 놓고 열심히 달려가다 보니 그 속에서 내가 가장 좋아하고 잘하는 것을 찾아냈을 수도 있다. 어느 쪽이든 치열만 고민과 꾸준한 노력의 결과라면 의미 있는 성과라고 할 것이다.

그렇다면 미래를 보는 눈은 어떻게 기를 것인가?

개인적으로 아직까지 책보다 뛰어난 자료는 본 적이 없다. 독서를 통해서 사고를 확장하고, 이를 현실 세계에서 경험해 보는 것. 그 이상의 방법이 있다고 생각하지 않는다.

시야와 사고를 확장해서, 미래를 보는 눈을 키워라.

욕구와 상실은 함께 가는 것이다

사회생활, 직장생활을 하면서 어려운 것 중에 하나가 사람을 대하는 것이다. 사람을 무한정 믿다가 뒤통수를 맞기도 하고, 그다지 신뢰하지 않던 사람이 나를 돕기 위해서 헌신적으로 노력하는 모습도 보게 되면서 혼란스러움을 느꼈다. 하지만, 이런 상황들을 반복적으로 겪다 보면, 옥석을 가릴 수 있는 눈을 가지게 된다. 만약, 사람의 심리에 대한 학습과 경험이 함께 있다면 여러모로 도움이 된다. 개인적으로는 프로젝트관리에 대한 심화 학습을 하면서, 인간 심리와 소통 기술에 대한 이해의 폭을 넓힐 수 있었다.

예를 들어서, 대표적인 '매슬로우의 인간 욕구 5단계'가 있다.

즉, 인간의 욕구는 타고난 것이며, 이를 강도와 중요성에 따라 5단계로 분류할 수 있다는 것이다.

생리적 욕구
안전에 대한 욕구
사회적 욕구
자기존중의 욕구
자아실현의 욕구

그리고, 각 단계는 하위 단계의 욕구가 충족되어야 그다음 단계의 욕구가 발생한다. 이는 이론으로만 그치는 것이 아니고, 실제 우리의 현실을 잘 표현했다고 생각한다. 즉, 배가 고프고(생리적 욕구) 몸이 아픈데(안전에 대한 욕구) 타인과 유대관계를 먼저 생각하거나(사회적 욕구) 자존심(자기존중의 욕구)이 높아질 리 만무하다.

직장생활에서도, 내가 어느 단계에 있느냐에 따라서, 그리고 상대방이 어느 단계에 있느냐에 따라서 상호 관계나 대응이 달라진다. 건강한 신체로 정상적인 조직생활이 가능하다면 1번과 2번 단계는 넘어서고, 3번 욕구를 충족하고자 할 것이다. 직위가 낮을수록 3단계에 집중하게 될 것이고, 경력이 많아지고 직위가 올라갈수록 4번, 나아가서 5번의 욕구를 충족시키고자 할 것이다.

예를 들어서, 팀장으로 근무할 때 있었던 일이다. 같은 팀원으로 근무 중일 때는 친하지 않았던 직원이 팀장과 팀원 관계가 되었을 때, 유독 친한 척을 하려 하는 팀원이 있었다. 그 직원은 3단계 욕구에 충실했던 것이다. 그렇지만, 나는 4단계 욕구에 집중하고 있을 때였다. 즉, 내가 가진 직위 또는 자존심에 문제가 없고 잘 유지되기를 바랐던 것이다. 팀장을 오래 하는 것이 중요한 것이 아니라, 팀장을 하는 동안 부끄러움이 없는 팀장이고 싶었다. 또한, 지금은 팀장이지만 언제까지 팀장을 할 수 있다고 생각하지 않았으므로, 팀장이라서 친하게 지내려는 사람들은 가급적 거리를 두고자 했다. 이렇게 서로의 관심사가 다른 경우에는 양쪽이 모두 만족하기는 쉽지가 않다.

하지만, 지금 실세라고 스스로 생각하는 팀장 또는 본부장이 있다면 항상 그 주위에는 3단계 욕구를 충족하기 위해서 모여드는 사람들이 있다. 그리고, 그걸 즐기는 관리자들이 있기 마련이다. 기대가 크면 실망도 크다 할 것이다. 위와 같은 기준으로 직장생활을 하는 사람들은, 나중에 대부분 아래와 같은 상황을 맞이한다.

3단계 욕구를 실현하지 못한 후배의 배신
: 뭔가 기대치가 있어서 실세라고 생각되는 관리자와 친밀감을 높여가는데, 본인이 생각한 목적을 달성하지 못하는 경우에는 철새처럼 다른 실세를 찾아서 떠난다.

현직을 떠난 실세 선배의 한탄

: 현직에 있을 때 가까이 두었던 후배가 있어서, 퇴직 후 연락했는데 예전 같지 않은 반응이 나온다. 이때 느끼는 실망감과 상실감은 생각보다 크게 다가온다.

그래서, 항간에 잘 나갈 때에 어려워질 것을 대비하고, 어려울 때에 미리 성장을 준비하라는 얘기가 있다. 인간이 성장하기 위해서 밟아 나가는 욕구의 5단계가 있다면, 이와 반대로 인간이 크나큰 상실을 경험할 때 겪게 되는 감정의 5단계가 있다.

부정
분노
타협
우울
수용

예를 들어서, 이유는 여러 가지가 있을 수 있지만, 믿었던 사람에게 배신을 당한다면 충격이 클 수밖에 없다. 또는 연인과 헤어졌을 때도 비슷한 감정의 단계를 겪게 된다. 사람과의 관계가 아니고 어떤 사건이 발생할 때도 이런 감정의 변화가 일어난다. 예를 들어서 구조 조정으로 갑작스럽게 해고나 명예퇴직을 당하는 경우가 있을 수 있다. 또는 유망한 운동선수가 갑작스러운 사고를 당하여, 선수 생활을 더 이상 할 수 없는 경우도 여기에 해당된다고 할 것이다.

열심히 노력하다 보니 뜻하지 않은 행운이 찾아와서 욕구 실현을 앞당길 수도 있고, 많은 노력에도 불구하고 낙담할 일이 발생할 수도 있다. 비가 오면 우산 장수를 부러워하고, 해가 뜨면 짚신 장수를 부러워하는 마음처럼 순간순간에 휘둘리다 보면 멘탈 관리가 너무 힘들어진다. 이보다는 개인의 중장기적인 계획에 근거해서 욕구 5단계의 실현까지 정진하는 것이 정신건강에 더 도움이 된다.

또한, 모든 사람이 똑같은 출발선에서 시작하는 게 아니라는 것을 인정하고 스스로 멘탈을 잡아야 한다. 지식, 경험, 가정형편, 하물며 행운까지도 개인마다 차이가 있다. 그게 현재 우리를 둘러싼 사회 시스템이라는 것을 받아들이되, 나의 노력에 따라서 충분히 역전이 가능한 승부라는 자세로 치열만 고민과 꾸준한 노력을 한다면 출발선의 차이를 뛰어넘을 수 있을 것이다.

인생지사 새옹지마

8장

그때는 미처 깨닫지 못했던 것들

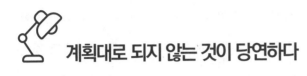

계획대로 되지 않는 것이 당연하다

입사 후 업무에 익숙해지기 시작하면서, 개인적으로 부족한 부분들이 눈에 보이기 시작했다. 따라서 역량을 갖추기 위해서 이를 목록으로 만들고 목표를 세웠다.

그 중에서, 신입 시절에 빠지지 않았던 항목이 외국어와 컴퓨터 활용 능력이었다. 그래서, 인터넷 환경이 열악한 프로젝트 현장에서 학습하기에 좋은 영어 교재를 챙겨보곤 했었다. 하지만, 그 당시에 단기 플랜과 함께 장기 플랜을 세워야 했는데, 단기 플랜에 매몰되기 일쑤였다. 예를 들어서 교재 한 권을 완독하기로 목표를 세우기는 했으나, 그 이후는 없었다. 직장생활 중 영어 학습에 관한 시행착오만으로도 책 한 권을 쓸 수 있을 것이다. 그러나 대부분은 성공에 관한 경험보다는, 이렇게 영어 학습하면 시간도 오래 걸리고 노력에 비해서 실패한다는 이야기가 될 것이다. 그럼에도 불구하고 영어를 놓지 않고 계속 붙들고 있었던 것은 현실에서 당장 필요했기 때문이다. 만약, 실무에서 사용하지는 않지만, 다음에 언젠가는 영어가 필요하니 미리 준비하겠다는 마음가짐으로 접근했다면, 지금까지 붙잡고 있지 못했을 수도 있다는 생각을 한다.

뭔가를 계획했을 때, 스스로 얼마나 간절한가 하는 것이 첫 번째이다. 아무리 좋은 내용이라고 하더라도 내 인생에 꼭 필요한 것으로 생각되지 않는다면 그냥 흘려보낼 가능성이 높다. 특히 어학은 단순 학습이 아니라, 실생활 속에 녹아 있어야 그 의미가 있는 것이므로 지속적으로 영어 환경에 노출되도록 나름의 루틴을 만들어 놓아야 한다. 이는 흡사 운동 습관을 들이는 것과 유사하다. 오늘은 피곤하니까 다음에 시간이 나면 운동을 하겠다는 마음가짐으로는 습관을 들이기 어렵다.

요즘은 교재나 시청각 자료가 부족하기보다는, 넘쳐나는 세상이 되었다. 즉, 어떤 교재를 사용할지 선별 작업 자체에 공을 들여야 한다. 이를 통해서 본인의 실력을 높여 갈 로드맵을 완성해야 한다. 즉, 읽기, 쓰기, 듣기와 말하기 중 자신이 부족한 부분을 이해하고 어떤 학습 방법이 본인에게 가장 효율적인지 기준을 잡아야 한다. 남들이 좋다고 추천하더라도, 그 학습법이 나에게 적합한지는 본인이 결정해야 하는 것이다. 이때 중요한 것이, 한 번에 잘되지 않는 것을 당연히 받아들일 수 있어야 한다. 하지만 실패한 원인은 알아야 반복되는 것을 막을 수 있다. 왜 실패했는지 원인만 제대로 알아도, 다시 도전해서 스스로를 더 단단하게 만들 수 있다. 그러나 약간의 노력만으로 정상에 도달하고 싶은 욕심에 지름길만 찾아 헤매다 보면, 어느새 정상과는 거리가 먼 길을 돌아다니고 있는 자신을 발견하게 될 뿐이다.

이에 반하여 컴퓨터 활용은 기초를 탄탄히 해 놓으면, 이후에는 활용도가 높다고 할 것이다. 프로젝트와 관련된 소프트웨어 활용은 주로 MS 오피스를 활용하였다. 국내에서 주로 프로젝트를 진행한다면 한컴오피스를 사용할 수도 있으나, 국제 비즈니스에서는 99.9% MS오피스로 문서 작업을 하게 된다. 그 중에서 워드와 엑셀의 활용도가 높다고 할 것이다. 이에 비하여 파워포인트는 활용 빈도가 떨어지나, 임팩트가 있다. 즉, 프로젝트의 시작과 끝 또는 이슈가 발생했을 경우에는 파워포인트로 자료를 작성하여 소통을 하였다. 외국계 회사를 고려한다면 MS오피스에 대한 활용 능력이 필수라고 할 것이다.

영어와 컴퓨터 활용은 몇 가지 공통점이 있다.

첫째, 업무 전문성이 먼저다.

영어로 표현하거나 컴퓨터로 문서 작업을 하기 위해서는, 그 내용에 대한 기본적인 이해가 필수이다. 아무리 영어가 원어민 수준이고 문서 작성에 필요한 다양한 소프트웨어를 다룰 수 있다고 한들, 업무 내용에 대한 이해가 없다면 제대로 된 의사소통은 안될 것이다.

둘째, 소통 능력이 있어야 한다.

대화를 나누든, 문서로 나타내든 상대방에 맞추어 커뮤니케이션하는 역량이 요구된다. 비즈니스의 경우 상대방에 따라서 똑같은 내용도 다르게 표현되어질 수 있다. 이는 영어를 잘한다고, 또는 소프트웨어를 잘 활용한다고 해결되는 것이 아니다. 커뮤니케이션 능력은 별도로 개발되어야 하는 것이다. 이는 책임자 또는 관리자를 희망하는 사람이라면, 더욱 요구되는 항목이라 할 것이다.

셋째, 모방이 우선이다.

모국어가 아닌 이상 알고 있는 단어와 사용할 수 있는 표현에 한계가 있다. 이를 극복하기 위해서는 우선 네이티브의 사용 빈도가 높은 표현을 많이 접하고, 본인이 그 표현을 사용할 상황을 이미지화하여서 장기 기억 속에 저장해 둘 필요가 있다. 이를 습관으로 만들어 '생각 – 한국적 표현 – 영어로 번역'이 아닌, '생각 – 영어적 표현'이 자연스러워지도록 하는 것이 외국어 학습에 있어서 중요한 부분이라고 할 것이다. 서양인들도 한글 표현을 직역해서 영어로 소통하는 사람보다는, 그들이 익숙한 원어민 표현으로 영어를 구사하는 사람과 소통할 때 보다 편안함을 느낀다.

MS오피스의 활용도 이와 유사하다고 할 것이다. 비즈니스 현장에서 활용되는 다양한 문서 양식과 사례들을 입사 이전에 경험하기는 쉽지 않다. 입사 이후 여러 가지 샘플을 확인해 보고 본인이 활용할 것으로 예상되는 양식들은 언제든지 작성할 수 있도록 사전 준비 작업이 필요하다. 예를 들어서 각종 공식 레터, 초청장, 발주서, 합의서 등이 있다. 외국계 기업에 근무한다면 사소한 문서까지 더 다양한 영어 문서들을 다루게 된다. 여기서 한 발 더 나아가면 작성하는 문서의 법적 근거 또는 효력에 대한 이해도 요구되어진다.

마지막으로, 꾸준한 활용이 뒷받침되어야 한다.

영어의 경우 수동적 학습에 익숙하다면 일반적으로 듣기와 읽기 능력이 향상된다고 할 것이다. 이에 추가하여, 학습한 내용을 본인의 일상생활에 활용하거나 외국인과의 대화에 응용을 할 수 있다면 한 단계 도약하는 계기가 될 것이다. 하지만 쉽게 도달할 수 있는 수준은 아니다.

이는 소프트웨어 활용도 마찬가지이다. 내가 활용 가능한 양식이나 샘플들에 평상시 관심을 가져야 한다. 이렇게 수집된 각종 자료들을 단순히 보관하는 데 그치는 것이 아니라, 문서 작업을 하는 단계에서 참조를 하다 보면 어느 순간부터 문서 양식 때문에 일이 안 되는 경우는 없게 될 것이다.

실패와 마주하는 것을 좋아하는 사람은 없을 것이다. 그렇지만, 사회 생활을 하면서 시간도 충분하지 않고, 에너지도 고갈되는 상황에서 계획 대로 실천한다는 것이 결코 쉬운 일은 아니다. 그래서 계획대로 되지 않는 현실도 자신의 일부로 여기고 받아들일 수 있는 지혜가 필요하다. 세상 누구도 한 번의 성공으로 정상에 우뚝 서는 사람은 없으니까.

중요한 것은 꺾이지 않는 마음

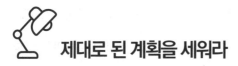

제대로 된 계획을 세워라

처음부터 완벽한 계획을 세우는 것은 결코 쉽지 않다. 이는 전체를 보는 시야와 함께 핵심을 이해할 수 있어야 가능한 것이다. 무술이나 운동선수들을 보아도, 초보 때는 엉성하고 불필요한 동작이 많다. 하지만 고수가 되어 가면서 동작이 간결해지고 군더더기가 없다. 본인이 무엇을 하고 있는지, 또한 핵심 동작이 무엇인지 이해해야만 비로소 고수의 반열에 오를 준비가 되었다고 할 것이다.

프로젝트관리 관점에서도 프로젝트 계획의 중요성을 강조한다. 즉, 계획을 최대한 치밀하게 세워서 프로젝트를 진행할 것을 권고하며, 제대로 된 계획 없이 진행되는 프로젝트는 실패하기 위한 프로젝트라고 언급된다. 프로젝트의 특성을 고려했을 때 처음부터 모든 것을 완벽하게 계획하는 것에는 어려움이 있다. 그렇지만, 적어도 그 방향성은 올바른 방향이어야 한다는 것이다.

갈수록 글로벌 비즈니스에서 프로젝트관리가 중요시되는 이유이기도 하다. 발주처에서도 프로젝트 입찰 단계와 계약 직후에 프로젝트 계획서를 제출할 것을 요구한다. 프로젝트 진행을 위해서는 발주처에서 시공사의 계획서를 승인하는 것이 필수 절차가 되었다. 달리 말하면, 계획서만 보더라도 일이 제대로 수행될 것인지, 아닌지를 어느 정도 판단할 수 있다는 것이다. 따라서 현장 업무에는 자신이 있지만 프로젝트관리 문서에는 약한 기업의 경우에는 해외 시장에 진출하기 전에 이런 부분에 대한 사전 검토 및 보완이 필요하다. 최근 추세는, 프로젝트 현장마다 프로젝트관리 전문가를 별도 고용해서 프로젝트관리 기법에 따른 공정관리 및 고객 대응을 하기도 한다.

계획을 제대로 세우는 것은 비단 프로젝트에만 해당되는 것이 아니다. 다양한 일상생활에도 적용될 수 있는 기준이다. 예를 들어서, 영어 공부를 계획하는 학습자가 있는데, 알고 있는 단어나 표현이 턱없이 부족한데, 무작정 미드를 무한 반복해서 영어 실력을 한 단계 올리겠다고 계획을 세웠다면 바람직한 방향은 아닐 것이다. 또한, 축구에 대한 기본기가 부족해서 축구공을 컨트롤하는 것도 힘든 아마추어가, 당장 시합을 많이 뛰어서 실력을 올리겠다는 것도 어불성설일 것이다.

원하는 목표가 있다면, 이를 달성 하기위한 구체적이고 효율적인 계획을 수립해야 한다. 이를 위해서 각 분야의 전문가가 출간한 서적을 참고하거나 관련 교육을 이수할 수도 있을 것이다. 본인이 부족한 부분을 인지하고, 외부의 전문가를 활용하는 전략은 합리적인 의사 결정이다. 특히, 방향 수립에 어려움을 느끼고 있다면, 전문가의 한마디가 시행착오를 막아주는 가이드라인이 되어 줄 것이다.

이때, 놓치지 말아야 할 것 중에 하나가, 더하는 게 있으면 빼는 게 있어야 한다는 것이다. 본인의 하루 일과는 이전과 달라진 것이 전혀 없고, 여기에 더하여 하루에 영어 공부 2시간을 더하고 다시 운동 2시간을 더하기만 한다면, 이는 앞서 언급한 실패하기 위한 계획이 될 가능성이 높다. 즉, 목표를 제대로 계획하고 달성하기 위해서는 다음 네 가지를 반드시 고려하여 계획을 세워야 한다.

첫째, 성공 경험자의 길을 따른다.

한때, "실패에는 무수히 많은 이유가 있지만, 성공에는 단 하나의 이유가 있다."라는 문구가 회자된 적이 있다. 성공으로 가는 비결 중에 하나가, 그 분야에서 이미 성공을 거둔 전문가를 그대로 따라 하는 것이다. 그리고, 완전히 체화된 후에 본인만의 루틴으로 만든다면, 성공이 어느 정도 보장된다고 할 것이다. 이때 주의해야 할 것이 체화가 되기 전까지는 자기만의 방식을 고집하지 말아야 한다는 것이다.

또한, 이렇게 접근할 때의 장점 중 하나는 그 주제에 관해서 다양한 시각과 접근법이 있다는 것을 이해할 수 있다는 것이다. 즉, 전문가의 수만큼 성공 방정식이 존재할 것이고, 이런 사례들을 수집하고 분석하는 과정을 통해서 그 분야에 대한 집중력이 올라간다는 것이다. 본인이 신뢰할 만한 전문가와 네트워크를 쌓을 수 있다면, 그 자체만으로 절반의 성공은 이룬 것이라고 할 것이다.

둘째, 장기 목표를 세우고 이미지화한다.

아무리 훌륭한 계획을 세우더라도, 이를 달성한다는 보장은 없다. 완벽한 계획인 줄 알았는데 실천하기에는 버거울 수 있다. 이는 세부 계획이 실천 불가능하다는 것을 의미한다. 또한, 실행 중에 예상치 못한 복병을 만나게 되어 계획이 흐지부지된다면 다시 처음으로 돌아가야 할 수도 있다. 이때, 꼭 이루고자 했던 목표의 이미지가 강력하지 않다면 추진 동력을 잃어버릴 수도 있다. 또한, 확실한 장기 목표가 있어야만 중간에 의지가 꺾이거나 길을 잃고 방황하지 않을 수 있다.

가끔씩 언론 보도에, 갑자기 유명해진 연예인이나 많은 돈을 벌게 된 사업가가 사고를 치거나 방탕한 생활을 한다는 기사를 보게 된다. 이 또한, 본인이 꼭 이루고 싶은 장기 목표가 없다 보니, 일정한 부를 축적한 후에 찾아오는 공허함에서 비롯되는 경우가 많다.

셋째, 나만의 성공 루틴을 내재하여야 한다.

위에서 언급한 내용들로 한 가지 목표를 정해서 이루어 내면, 이후에 또 다른 목표를 설정하여 성공의 경험을 축적하도록 한다. 이렇게 성공이 반복되다 보면, 하나의 습관으로 자리 잡는다. 즉, 성공 방정식을 내 것으로 만들 수 있다면 또 다른 성공을 이끌어 내는 것이 용이해진다. 프로 스포츠 팀 중에서도 챔피언이 되어 본 경험이 있는 팀과 없는 팀은 마인드가 다르다고 한다. 당연히 우승을 해 본 팀이 다시 챔피언이 될 가능성이 높다고 한다.

마지막으로, 글을 쓴다.

생각만 한다면, 목표가 다소 불명확하거나 정리되지 않을 수 있다. 이러한 계획과 목표를 글로 옮기는 과정에서 구체적이고 손에 잡히는 내용으로 재탄생할 수 있다. 따라서, 생각을 가다듬고 그 내용을 글로 써 보는 것은 핵심에 집중하는 계기가 될 수 있다. 또한, 생각만으로는 모순된 내용들이 섞여 있을 수 있는데, 글로 시각화하여 들여다보면 얽힌 실타래를 풀어 나갈 수 있는 경우가 많다. 그렇다고, 처음부터 완벽할 필요는 없다. 처음에는 생각나는 대로 글을 적는 것에서부터 시작해서 다듬어

나가면 된다. 글쓰기 자체가 부담스럽다면 메모를 한다는 생각으로, 그때그때 생각나는 단어나 개념들을 적어 나간다. 그런 후에 기록한 메모들과 목표 사이의 연결고리를 만들어 가는 것이다.

최근에는 생각 정리, 메모와 글쓰기에 관한 다양한 서적들이 출간되어 있으니, 이를 참조해서 활용해 보는 것도 고려해 볼 만하다.

Do right thing vs Do thing right

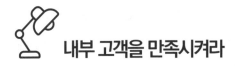

내부 고객을 만족시켜라

당장 눈앞에 보이는 이익은 아니지만, 내부 고객이라는 개념을 받아들이고 조직 내 구성원들 사이에 소통해 나갈 수 있어야 한다. 외국 회사의 경우에는 개인의 업무 스타일과 선호도를 인정하는 경우가 많은 편이다. 그렇지만, 이들도 처음부터 그랬던 것은 아니다. 인권이 강조되고 지속가능경영을 고민하는 세월에 비례해서 직원 만족도와 인권 문제가 수면 위로 올라왔던 것이다.

이에 비해서, 국내 회사의 경우에는 각 개인이 회사에서 각자의 목소리를 내는 것이 아직은 일반적이지 않다고 생각된다. 회사 입장에서도,

여러 세대가 모여서 성과를 만들어 내야 하는 조직문화를 유지함과 동시에 세대별 개성도 동시에 고려하는 것이 결코 쉬운 일은 아니다. 회사에서 조직의 방침을 정하고 구체적인 행동지침에 대한 교육을 실시할 수는 있지만, 이것만으로 충분하지 않다. 결국은 개개인의 마음이 움직여야 실질적인 효과를 기대할 수 있을 것이다. 특히 관리자 또는 경영자가 구성원을 진정으로 존중하는 모습을 보임으로써 조직 내 정서적 전염이 일어나게 할 수 있다.

직원들을 내부 고객으로 인식한다는 것은, 단체가 아닌 개개인의 특성을 고려한다는 의미이다. 논리적으로 따지기를 좋아하는 직원일 수도, 너무나 신중해서 좀처럼 행동하지 않는 직원이 있을 수도 있다. 그런가 하면 행동이 앞서는 직원 등 개개인의 성향은 다양하다. 리더가 이를 고려하여 소통하고 의사 결정을 하기 위한 노력들이 필요하다. 이러한 리더의 행동은, 그 속에 담긴 마음 씀씀이까지 전달되는 효과가 있다. 회사 전반에 이러한 기업문화가 침투하기 위해서는, 서로 다른 부서의 직원들 간에도 상대를 배려하고 존중할 수 있어야 한다.

이러한 마음으로 개인별 맞춤형 소통을 하기 위해서 노력하는 관리자라면 내부 고객의 마음을 사로잡을 수 있을 것이다. 내부 고객을 정의하고, 내부 구성원들의 만족도를 높여가다 보면 조직에는 여러 가지 긍정적인 문화가 형성된다.

첫째, 서로 존중하는 조직문화에 기여한다.

10여 년 전만 하더라도, 상명하복의 군대문화가 조직문화 속에 있었다. 이게 바람직한 가를 따지기 이전에, 시대적 상황에 따른 결과물로 보는 것이 합리적일 것이다. 개인적인 의견이지만, 군대의 역사를 보면 사회적 변화와 크게 다르지 않다는 것을 알 수 있다. 50년대, 60년대 군대에 복무한 선배 세대의 경험담을 들으면, 지금의 군대와는 비교할 수 없을 정도로 열악하고 가혹하기까지 했다. 전쟁 이후에 물자가 부족한 것은 물론이고, 제대로 된 막사도 없어서, 더위와 추위를 온몸으로 겪으면서 정신력으로 버텨야 하는 날들의 연속이었다. 하지만 지금은 그에 비해서 물질적으로 풍요로워지니 정서적으로도 더 나은 환경이 되었다.

직장생활도 예전에는 조직 내에서 상사를 만족시키기 위한 노력은 당연한 것으로 받아들이나, 후배 또는 타 부서의 요구사항을 받아서 이에 적절한 피드백을 제공하는 것에는 인색했던 시절이 있었다.

하지만, 지금은 그 어느 시대보다 다양한 세대가 각기 목소리를 내면서 공존하고 있다. 이를 인정하고 배려할 수 있는 조직은 미래와 닿아 있다고 할 것이다.

다음으로, 비전과 가치 공유이다.

회사마다 비전 또는 미션을 선포하고 이를 실현하기 위한 핵심 가치

등을 선정한다. 그런데, 정작 그 가치를 만들어 나가야 할 직원들은 모르는 경우가 부지기수이다. 사내에서 설문조사를 하고 이벤트까지 진행하면서 구성원들의 참여를 끌어내 보지만, 1회성 이벤트나 보여주기식으로 끝나기 일쑤이다.

따라서, 이를 보완하기 위한 여러 가지 조치들이 이루어지고 있다. 그중에서도 조직이 구성원을 신뢰하고 있다는 것을 보여주는 것이 가장 우선되어야 할 것이다. 이런 시대적 흐름을 반영하여, 최근에는 인사부서에서도 인사관리(HRM, Human Resource Management)팀과 별도로 인사개발(HRD, Human Resource Development)팀을 두어서 개인의 성장에 관심을 두려고 한다. 이를 통하여 구성원 각자가 조직으로부터 인정받고 있다고 느낀다면, 그만큼 자발적인 참여가 증가할 것이다.

그렇지 않고, 조직에서 비전과 가치를 일방적으로 수립하고 강요한다면 구성원들로부터 공감을 불러일으키기는 어려울 것이다.

마지막으로, 내부 고객 만족은 외부 고객 만족과 맞닿아 있다.

상식적으로 생각해도 회사에 불만이 가득한 직원들이, 고객 만족을 최우선으로 업무를 수행한다고 상상하기 어렵다. 고객 접점이 누구인가를 생각해 보면, 대부분의 경우에 실무자들이 그 회사의 얼굴로서 고객들과 매일 접촉하며 소통을 한다. 이때, 회사 내에 이미 내부 고객 만족을 위한 지표가 있고, 서로를 존중하는 기업문화가 활성화되어 있다면, 자연스럽게 외부 고객에게도 이런 부분들이 전달될 것이다. 왜냐하면 이미 직원들의 마음속에 고객 만족의 마인드가 자리 잡고 있기 때문이다.

기업의 성과는 내부 구성원의 총합보다 더 클 수도 있고, 적을 수도 있다. 그 차이는 결국 구성원들이 만들어 내는 것이다. 이러한 구성원들의 적극적인 참여를 이끌어 내기 위해서는 무엇보다 구성원들을 내부 고객으로 바라보는 조직 내 인식이 필요하다. 하지만, 개인에 대한 배려만으로 정글 같은 비즈니스의 세계에서 살아남기 어려운 것도 냉정한 현실이다.

이 책에서 별도로 언급하지는 않겠지만, 리더나 경영자를 목표로 한다면 조직문화도 꾸준히 관심을 가져볼 필요가 있다. 왜냐하면 조직문화라는 것이 짧은 시간에 만들어지는 것도, 그렇게 간단하게 정의할 수 있는 것도 아니다. 작은 조직에서는 눈에 보이지 않는 암묵적 스토리로 자리잡기도 하고, 규모가 있는 회사라면 제도로 갖추어져 있을 것이다. 어느 경우이든, 조직문화는 방치해서도 안 되지만, 통제만으로 만들어 갈 수 있는 것도 아니다.

또한, 조직문화는 민족성 및 그 나라의 역사와 궤를 같이한다. 서양과 동양의 문화가 다르듯이, 동서양의 기업문화가 차이나는 것은 어쩌면 당연하다고 할 것이다. 다국적 기업에 근무하다 보면 이로 인해서 혼란스러운 상황이 종종 발생한다. 하지만, 국가와 민족성을 떠나서 상호 존중과 신뢰를 바탕으로 협업을 해 나간다면 충분히 극복될 수 있다.

그러나, 한 가지는 확실하다. 내부 고객 만족을 포함한 조직문화에 리더가 관심을 보이지 않는 순간부터, 조직 내에서 건강한 신뢰관계는 무너질 것이다. 비전 선포식에 모여서 함께 외쳤던 비전과 미션은 액자 속에서만 존재감을 드러내게 될 것이다.

신뢰와 존중, 쌓기는 어렵지만 무너지는 것은 한 순간이다.

과감히 결정하기 위한 나만의 기준

직장생활을 하다 보면 크고 작은 결정의 순간들이 찾아온다. 그때마다 여러 가지 상황을 고려하여 판단을 하겠지만, 이에 못지않게 본인의 의사 결정을 관통하는 원칙 또는 기준이 있어야 한다.

이는 특히 책임자 또는 관리자의 위치로 가게 되면, 그 중요성이 더 커진다고 할 것이다. 왜냐하면 관리자가 되는 순간, 회사의 요구사항은 많아지고, 그와 동시에 팀원들의 고충도 포용하면서 업무를 해야 하는 자리이기 때문이다. 예전에 팀원으로 근무할 때, 팀장님으로부터 "관리자는 원래 욕먹으라고 회사에서 주는 자리이다."라고 하시는 말씀을 듣곤 했다. 아마도 이렇게 생각하면 한결 부담이 덜하다고 말씀하시는 것으로 이해를 했다. 욕먹고 사는 것을 자랑스러워하는 사람이 어디에 있겠나? 그렇지만, 위와 같이 스스로 마인드 컨트롤을 함으로써 본인에게 주어진 책임감과 압박감으로 인한 스트레스를 줄이려 했다고 생각된다.

개인적으로 어떤 결정이 필요한 순간이 왔을 때, 제일 우선적으로 고려하는 기준은 '5년'이다. 예를 들어서, '이 업무가 5년 뒤에는 어떤 평가를 받길 원하는가?'를 기준으로 현재 결정을 내려서 완성하려 했다. 또한 '이 업무가 5년 뒤에도 계속할 업무인가?'를 고려해서 추진 여부를 판단한다. 이런 잣대를 가지고 현재 업무를 바라보면, 다른 사항들은 부차적으로 다룰 수 있다. 즉, 업무가 얼마나 낯설고 힘들지, 또는 타 부서의 적극적 협조가 필요한지는 결정적 판단 기준이 아니라는 것이다. 물론 쉽지 않은 결정이다. 그리고 어떤 결정이든 양면성을 가지고 있게 마련이다. 즉, 긍정적인 면도 있고, 부정적인 면도 있는 것이다. 예를 들어서, 최선의 결정을 내렸다고 생각하더라도 회사의 적극적 지원을 못 받거나 팀원들의 불만이 쏟아져 나올 수도 있다. 하지만, 이럴수록 더욱 본인이 생각하는 나름의 기준이 있어야 한다. 그리고, 그 기준이 제3자가 봐도 납득이 될 수 있어야 공감대를 얻고 추진 동력을 이어갈 수 있다. 당장의 위기를 모면하기 위해서 즉흥적으로 결정하게 되면, 이로 인해 머지않은 장래에 난관에 봉착할 수 있다.

한번은 글로벌 비즈니스에서 사용하는 소프트웨어를 서양의 경쟁사에서 프로젝트에 활용하고 있다는 소식을 듣고, 회사에 도입하기로 한 적이 있었다. 아직 회사에서는 크게 필요성을 못 느끼고, 직원들도 지금 당장 업무에 불편함이 없으므로 새로운 소프트웨어를 도입하는 것에 적극적이지 않았다. 하지만, 이미 외국의 주요 경쟁사가 도입을 했고, 메이커사에 문의하니 최근에 판매가 더욱 증가하는 추세였다. 또한 영업팀에서도 고객을 만나면 이러한 최근의 변화에 대한 얘기가 나온다는 것이었다. 이로 미루어 짐작했을 때, 향후 몇 년 안에 고객사의 요구사항에 포함될 것이 충분히 예상되었다. 따라서 회사에 빠른 도입이 필요하다고 판단한 후 회사의 승인과 함께 실무자들을 설득하는 일을 동시에 진행했었다. 이때, 내부 승인을 위해서 관련 임원들에게 보고할 자료와 실무자들에게 호응을 이끌어 내기 위한 자료를 따로 만들어서 미리 배포를 했다. 이미 경쟁사에서 활용 중인 소프트웨어이므로, 회사가 글로벌 경쟁에서 뒤처지지 않기 위해서는 우리에게 선택이 아니라 필수사항이었다. 따라서 이 자료를 보는 대상이 누구인지에 따라서 같은 내용이라 하더라도 핵심 키워드와 설명 자료들을 달리했다. 예를 들어서, 임원급에 보고하는 자료는 현재 경쟁사 동향과 우리의 현 주소, 그리고 소프트웨어 도입에 따른 장단점을 설명하고자 했었다. 한편으로 실무자들에게는 현재 사용하는 소프트웨어와의 차이, 그리고 신규 소프트웨어를 도입하게 위해서 메이커사로부터 인수인계를 별도로 진행할 것이고 또한 실무자들을 위한 교육을 진행하여 사내에 연착륙하도록 계획을 수립하였다는 내용을 중심으로 설명회를 개최하였다.

사람의 심리가 일단 내가 알지 못하는 내용에 대해서는 경계심과 거부감이 먼저 들기 마련이다. 따라서 아무리 좋은 시스템이나 내용이라고 하더라도, 관심과 호기심을 먼저 이끌어 내지 못한다면 절반의 성공에 그칠 가능성이 높다. 따라서, 특히 초기에 자료를 받아보는 상대방의 입장을 고려하여 가독성이 좋고 의사 결정을 쉽게 할 수 있는 근거를 제시하려 했었다. 이런 과정을 거치면서, 사내 공감대 형성과 더불어 추진 동력을 확보할 수 있다. 그 당시에 임원진 보고 및 승인은 어렵지 않게 이끌어 내었으나, 실무자들의 적극적 참여가 부족하여 도입까지 생각보다 오랜 시간이 걸렸었다. 하지만, 실무자들의 공감 없이 소프트웨어 도입을 강행하기보다는 시간을 가지고 업무를 추진하여 실무자들의 거부감을 최소화하고자 했었다. 그렇게 소프트웨어가 도입되고, 이듬해에 고객사로부터 해당 SW를 사용해야 한다는 요구사항이 포함된 견적 요청서를 받았을 때 준비된 모습으로 입찰에 참여할 수 있게 되어서, 큰 보람을 느꼈던 경험이 있다.

다른 사례로는 프로젝트관리자로 임명되어 진행 중이었던 프로젝트 현장에서 장비 고장이 발생해서 긴급 수리가 요구되는 상황이었다. 금요일 오전에 상황이 발생하여, 금요일 오후에 긴급 발주를 한다면 수리 업체에서 주말 동안 정비를 마치고 다음 주 월요일부터 작업을 재개할 수 있었으나, 문제는 우리 직원도 주말까지 야간작업을 강행해야 하나, 그 프로젝트는 그때까지 야간작업을 한 번도 진행하지 않았기에 여러모로 리스크가 있었던 결정이었다. 이때의 판단 기준은 기회비용과 안전성 담보였다. 안전하게 진행할 수만 있다면 진행 중인 프로젝트뿐만 아니라 후속 프로젝트의 일정에 미치는 영향도 최소화할 수 있고, 자원의 재배치도 큰 어려움은 없을 것으로 예상되었다. 따라서 현장의 안전조치를 평소보다 더 치밀하게 계획하고 안전요원도 추가로 배치하여 만일의 사태에 대비하였다. 또한 야간작업도 최소화하여 진행함으로써 근무자들의 피로도가 증가하는 것을 예방하고, 사고 위험도 줄이고자 하였다. 하지만 모든 과정이 순탄하지만은 않았다. 특히, 현장 상황을 전혀 모르는 이해관계자들을 소통하고 설득하는 것은 생각보다 쉽지 않은 일이었다. 하지만 지금도 그때의 판단이 옳았다고 생각한다. 만약 주간 작업만 고려했다면, 회사에는 예상하지 못했던 손실을 안기고, 고객과의 약속도 지키지 못하는 상황이 발생할 수도 있었기 때문이다.

위와 같은 사례에서도 알 수 있듯이, '회사에 이익이 될 것인가' 하는 것이 두 번째 고려 기준이다. 어떤 일을 추진하다 보면 모든 사람이 찬성하고 적극 지지하는 경우는 거의 없다. 또한, 비즈니스의 세계는 인기투

표로 업무가 진행되어서는 안 되는 곳이다. 그보다는 실질적인 이익, 또는 고객 만족에 초점을 맞추어서 업무가 수행되어져야 한다.

'어떻게' 보다, '왜'를 먼저 생각하라.

역사에서 배우는 지혜

10여년 전 프레젠테이션에 관한 공개 교육에 참석할 기회가 있었는데, 나이가 지긋하신 강사님으로부터 "나이가 들수록 역사책 등 인문학을 공부해야 한다"는 조언을 들었다. 솔직히 당시에는 귀담아듣지 않았지만, 직위가 올라가고 연륜이 쌓일수록 인문학에 대한 이해는 필수라는 생각을 하게 된다.

한때, 삼성을 중심으로 기업체에서 인문학 전공자를 소프트웨어 개발자로 채용하는 붐이 일었다. 기업들이 왜 전문 개발자만 채용하지 않고, 인문학 전공자로 대상을 확대했을까? 개인적인 의견이지만, 사람에 대한 이해가 그만큼 중요한 화두로 떠올랐기 때문이라고 생각했다. 그동안 컴퓨터 또는 휴대폰에 다양한 기능들을 담아왔고, 사용자에게는 그 기능을 사용하라고 일방적인 소통을 했다면, 이제는 사용자에 맞춘 제품 개발이 요구된다고 하겠다. 즉, 기계에 종속되는 인간이 아니라, 인간중심의 사회로 다시 돌아가기 위한 노력들이라고 생각한다.

최근에 펀드 매니저 출신 유튜버의 채널을 시청할 기회가 있었다. 대한민국 주식시장의 건전한 성장을 일반 국민들과 함께 만들어 가기 위해서 주요 시황 분석뿐만 아니라 우리나라의 역사와 세계사까지 언급을 하는 것이 인상적이었다. 주식 투자에 필요한 소신과 철학을 가지고 방송을 진행하시는 분이었다. 이분의 소개 내용 중, 본인이 상당한 금액을 운용하는 펀드 매니저로 근무하는 동안 한 해도 손실이 난 적이 없다는 얘기를 하시면서, 한편으로 본인은 신문의 증권 면 또는 주식 차트창은 보지 않는다는 것이었다. 이는 개인적으로 신선하면서도 충격적인 내용이었다. 그동안 주식에 큰 관심을 두지는 않았지만, 고수라고 불리는 일반 투자자나 증권 업계의 전문가들이 운용하는 대다수의 채널에서 접근하는 방식과는 사뭇 달랐기 때문이다. 증권가 소식보다는 역사에 대한 이해와 시대 흐름에 대한 통찰력을 강조하는 대목에서는 고개가 절로 끄떡여질 수밖에 없었다.

"역사는 반복된다"는 대명제 속에서 "인간의 실수는 반복된다"는 격언이 있다. 주식 시장의 경우만 하더라도 호황에는 예상보다 거품이 더 끼고, 불황에는 예기치 못한 폭락을 맞이하게 된다는 것이다. 이러한 역사적 사실로부터 교훈을 얻고 똑같은 일이 반복되지 않도록 해야 하지만, 동일한 현상이 계속해서 일어난다는 것이다. 이러한 현상이 반복되는 것은 사람의 심리에 기인한다고 할 것이다.

역사책이나 인문 서적을 학습하는 이유도, 그 속에 담겨 있는 또는 숨어 있는 개인과 군중의 심리를 간접 경험할 수 있기 때문이다. 인간심리와 시대적 상황이 맞물려 전쟁이나 혁명이 일어나기도 하며, 영웅을 탄생시키기도 한다. 이러한 인간의 심리는 시대를 초월해서 유사한 이벤트가 발생하는 원인으로 주목받고 있다.

동서양을 막론하고 긴 여운을 남기는 역사 서적 또는 인문학 서적은 자주 접할 필요가 있다고 생각한다. 성장하면서 한국 고대사에 관한 책이나 근대 서양사를 접했던 것도 도움이 되었다. 어린 나이였지만 학교에서 배울 수 없었던 내용들을 통해서, 나라와 민족에 대해서 한번 생각해 보는 계기를 마련해 준 책들이었다. 20대 이후에 접했던 서양사에 대한 서적들, 그리고 전쟁이나 혁명에 관한 책들도 세상을 이해하는 데 도움이 되었다. 전쟁이나 혁명에 관한 서적들은 그 당시에 군중이 가지고 있던 심리를 들여다볼 수 있는 기회가 되었다. 사회적 분위기나 전쟁에 사용된 무기들은 현재와 비교할 수 없겠지만, 당시에 군중들이 느꼈던 심리들은 지금과 별반 차이가 없었으리라 생각된다. 제한된 정보와 리더십에 좌우되는 군중의 생각과 행동은, 지금의 현실이라고 별반 달라 보이지 않는다. 이 외에도, 우리나라의 역사에 대한 다양한 문헌을 조사한 역사학자의 서적을 읽다 보면, 시대를 초월한 혜안을 얻곤 한다. 역사학자들이 연구 분석한 옛 문서들에 기초한 당시의 시대 상황을 들여다보면, 역사는 반복된다는 것을 새삼 느끼게 된다.

예를 들어서, 신라 시대에도 "요즘 젊은이들은 버릇이 없다"는 얘기를 하는 사회 분위기가 있었다는 것을 알게 되니, 한편으로는 신기하면서 다른 한편으로는 변하지 않는 사람의 심리가 반영된 것이라는 생각이 들었다.

이순신 장군에 대한 다른 정부 관리들의 입장도 그 시대라서 있을 수 있었던 일이라고 폄하하기보다는 다른 시대였다 하더라도 충분히 있을 수 있었던 일이라고 판단되었다. 또한, 조선 시대의 양반제도 아래에서 지배층과 피지배층의 갈등은, 주어만 바꾼다면 현재에도 적용할 수 있는 내용들이 많다는 것에 안타까움이 먼저 들었다.

그리고 교과서에서는 언급되지 않지만, 일찍부터 서양과 교류가 있었던 우리나라의 역사를 알게 되니, 왜 이런 사실들이 교과서에 실리지 않았는지 의문이 든 적도 있다.

조선 후기에서부터 해방 이후까지의 역사도 오늘을 살아가는 우리에게 시사하는 바가 크다고 할 것이다. 우리나라의 근현대사에서 반면교사로 삼을 내용들이 많이 있다는 걸 알고 나서부터는, 역사학자들이 새로운 사실을 찾아내고 이를 엮어서 출간한 서적들은 찾아보는 편이다.

다른 한편으로, 최근에 다양한 심리에 관한 서적들이 출간되어 있다. 여기에 더하여 뇌 과학에 기초하여 인간이 어떻게 생각하고 판단하는지에 대한 다각적인 연구와 분석이 이루어지고 있다. 개인의 내면에 대한 심도 깊은 연구와 분석기사는 현재의 리더들도 관심을 가져야 할 내용들이다. 특히, 크고 작은 기업체의 리더들이라면 사람에 대한 이해가 필수 역량이라고 할 것이다. 여기어 덧붙여, 조직의 책임자 또는 관리자라면 군중심리에 대한 최소한의 이해도 필요하다고 생각한다. 아쉽게도 일반인들이 쉽게 이해할 수 있는 군중심리에 대한 서적들은 찾기가 쉽지 않다. 그보다는 역사 속의 결과들로 당시의 군중심리를 이해하는 것이 더 현실적일 것이다. 국내외의 다양한 전쟁, 혁명과 사회 변화들을 들여다보면 당시의 시대적 상황과 맞물려 군중들이 어떻게 행동했는지를 알 수 있다. 시공간이 전혀 다른 옛날이야기로만 받아들일 것이 아니라, 그 속에서 시대를 관통하는 지혜를 얻을 수 있을 것이다.

조직관리를 하다 보면 이해할 수 없는 행동을 하는 직원, 어처구니없는 실수를 하는 직원 등 가끔씩 상식 밖의 직원을 만나기도 한다. 조직을 책임지고 있는 사람도 성인군자가 아닌 이상 기분이 좋을 리가 없다. 하지만, 이런 직원일수록 평상시와 달리 행동하게 된 심리적 요인이 무엇이었는지 짚어볼 필요가 있다. 저자의 경우, 회사 근처에 나만의 아지트를 한곳 지정해 둔다. 그 카페의 사장님과 친분을 쌓고 단골이 되어서, 내가 언제든지 편안하게 들릴 수 있는 곳으로 만들어 놓는다. 그런 후에 면담이 필요한 직원이 있다면 카페에서 격의 없는 대화를 나눈다. 이렇게 야외에서 편안한 분위기를 조성하면, 대부분의 직원들이 처음에는 얘기하기를 머뭇거리다가 곧 이어서 속마음을 털어 놓는다. 이렇게 내적 동기를 파악한 후 훈계가 필요할지, 아니면 동기 부여가 필요할지 판단하고 그 직원이 알아들을 수 있는 언어로 소통하려 한다. 이때, 그 직원이 평균의 성과를 낼 수 있도록 유도하며, 필요하면 언제든지 지원을 요청하라는 말도 잊지 않는다. 그런 반면, 기대하지도 않은 직원이 성과를 올리고 조직에 에너지를 불어넣기도 한다. 또는 대부분의 직원이 놓치고 있는 부분을 특유의 꼼꼼함으로 예방 조치를 취하고 그 결과를 공유하는 직원도 있다. 이런 직원들은 공개적인 모임이나 행사에서 그 성과를 다시 한 번 공유하고 칭찬하려 한다. 책임자 입장에서는 일정 수준 이상의 성과를 내는 직원도 중요하지만, 평균 이하의 저성과를 보이는 직원이 없는 것도 더 없이 중요하다. 결국 회사의 수준은 전체의 평균으로 증명하는 것이지, 한두 명의 뛰어난 직원이 모든 업무를 할 수 있는 것이 아니기 때문이다.

역사는 반복된다.

부록   한국 내 외국계 기업으로 취업하기

✎ 한국 내 외국계 기업 찾기

산업통상자원부

http://www.motie.go.kr/motie/py/sa/investstatse/investstats.jsp

: 외국인투자통계와 외국인투자기업 정보를 제공한다.

통계청

https://kosis.kr/statHtml/statHtml.do?orgId=133&tblId=TX_13301_A218

: 통계청에서 외국계 기업 국내 진출 현황 자료를 제공한다 .

국세청

https://blog.naver.com/ntscafe/110124209648

: 국세청 공식 블로그에서 국내 외국계 기업 현황에 관한 통계자료를 제공한다.

주한 외국상공회의소

http://www.korcham.net/nCham/Service/Network/appl/KoreaForecci.asp

: 국내 소재의 외국상공회의소별 연락처가 기재되어 있다.

주한 외국기업연합회

https://www.kofa.or.kr

: 다양한 외국계 기업의 네트워킹과 최신 소식을 접할 수 있다.

✎ 한국 내 외국계 기업 취업하기

외국계 기업 전용 채용사이트 피플앤잡

www.peoplenjob.com

: 외국계 기업에서 공개채용 시 주로 구인광고하는 사이트이다.

비즈니스맨의 Social Network 링크드인

www.linkedin.com

: 프로필을 등록하고 Job을 구하고 있다는 것을 적극 알릴 수 있으며, 또한 구인광고를 검색해 볼 수 있다. 유료 회원가입을 하면 더 다양한 혜택을 제공받을 수 있다.

회사와 구직자를 연결하는 Headhunter

: 인재 스카우트를 주로 하는 헤드헌터는 다양한 활동을 한다. 위에서 언급된 피플앤 잡이나 링크드 인에서도 활동하며, 또한 구직자의 프로필이 노출될 만한 곳은 헤드헌터의 활동 범위라고 생각하면 된다. 또한, 내가 알고 있는 지인을 통하여 나에게 연락을 해 오기도 한다. 또한, 헤드헌터 회사의 방침에 따라서 구인 대상을 타겟팅하기도 한다. 즉, 관리자 또는 경영자급에 집중하는 헤드헌터가 있는가 하면, 주니어부터 시니어까지 모든 범위의 신입 또는 경력자를 소개하는 헤드헌터들도 있다. 따라서 피플앤잡이나 링크드인에 본인의 프로필과 함께 구직 활동 중이라는 소개를 올려서, 헤드헌터의 눈에 띄도록 할 필요가 있다. 또는 적극적으로 헤드헌터와 네트워킹을 가져가는 것도 좋은 옵션이 될 수 있다. 예를 들어, 링크드인에서 헤드 헌터를 검색해서 1촌을 맺는다. 헤드헌터는 구직자뿐만 아니라 구인하려고 하는 회사의 최신 정보에도 밝으므로, 헤터 헌터에게 본인이 관심 있는 업종 또는 기업 정보를 미리 알려 주고 다음에 구인 계획이 있을 경우에 연락을 부탁할 수도 있다.

에필로그　또 다른 출발선 위에서

　새롭고 낯선 도전에 나설 때 맞이하는 불안감과 의구심이 항상 발목을 잡는다. 여기 익숙한 길이 있는데 왜 굳이 낯설고 힘든 길을 택하느냐고. 주위의 시선도 긍정적이기보다는 대부분 부정적이다. 그래서 잠시 걸음을 멈추고, 지금 내가 가고 있는 이 길이 맞는지 묻고 싶어서 주위를 둘러본다. 하지만 열에 아홉은 항상 그 자리에 있고 싶어 하는 사람들이다. 그래서 내가 되묻는다. 시간이 지나도 항상 그 자리에 있는 것이 불안하지 않느냐고….

　낯선 곳에 나를 내던지는 시간을 피할 수 없다면, 할 수 없이 떠밀려 가는 것이 아니라 기대하는 미래를 만들어 나가고 싶다. 그렇게 외국계 기업의 한국 지사장 도전은 시작되었다. 처음이라서 낯설고 두렵기도 했고, 앞으로도 실패와 후회의 시간이 있겠지만, 이제는 일희일비하지 않고 스스로를 다독여 가면서 걸어갈 자신이 있다.

지금의 내가 과거의 총합이라면, 미래의 나는 지금의 현실이 쌓여서 만들어질 것이다. 함께 근무했던 임원 중 한 분이 종종 하시는 말씀이 "나이가 들면 자기 얼굴에 책임을 져야 한다."라고 말씀하시곤 했다. 여러 가지 의미로 해석될 수 있지만, 개인적으로는 현실에 대한 불만으로 살아 온 인생인지 아니면 지식과 경험을 통해서 지혜를 가지게 된 인생인지 얼굴에 나타난다고 받아들였다.

돌아보면 현실에 대한 걱정과 불만이 없었던 적은 없었다. 언제나 구체적으로 눈앞에 놓여 있었다. 그에 비해서 현실 너머에 있는 미래는 안개 속에 가려져 있다. 젊은 시절에는 한 번에 뛰어올라 갈 수 있는 황금 동아줄을 찾아 헤매곤 했다. 하지만, 이제 더 이상 손에 잡히지 않는 황금 동아줄을 찾지 않는다. 그보다는 한 계단씩 쌓아 올라 갈 수 있는 곳까지 가보려 한다. 가다가 힘들면 잠시 쉬어 갈 줄도 알게 되었다.

언제라도 필요하면 다시 출발선에 설 것이다. 그래야 설레는 미래를 맞이할 수 있다면.

항상 과거의 나를 놓아 줄 준비를 하자.